"水浒""二拍"中的法律

郭义贵 / 著

书中选取了《水浒传》《二刻拍案惊奇》《初刻拍案惊奇》中的一些与古代中国法律关联度较高的章回,对其社会历史背景、人物身份和处境、涉及的法律规定等展开讨论,希望从文学的角度加深读者对于宋、明两朝历史、社会和法律的理解。

知识产权出版社
全国百佳图书出版单位
—北京—

图书在版编目（CIP）数据

"水浒""二拍"中的法律/郭义贵著.—北京：知识产权出版社，2021.7
ISBN 978-7-5130-7562-6

Ⅰ.①水… Ⅱ.①郭… Ⅲ.①法制史—研究—中国—古代②古典小说—小说研究—中国—明代 Ⅳ.①D929.2②I207.419

中国版本图书馆 CIP 数据核字（2021）第 116807 号

责任编辑：石红华　　　　　　　　　责任校对：潘凤越
封面设计：刘　伟　　　　　　　　　责任印制：孙婷婷

"水浒""二拍"中的法律

郭义贵　著

出版发行：	知识产权出版社有限责任公司	网　　址：	http://www.ipph.cn
社　　址：	北京市海淀区气象路50号院	邮　　编：	100081
责编电话：	010-82000860 转 8130	责编邮箱：	shihonghua@sina.com
发行电话：	010-82000860 转 8101/8102	发行传真：	010-82000893/82005070/82000270
印　　刷：	北京建宏印刷有限公司	经　　销：	各大网上书店、新华书店及相关专业书店
开　　本：	787mm×1092mm　1/16	印　　张：	16
版　　次：	2021年7月第1版	印　　次：	2021年7月第1次印刷
字　　数：	230千字	定　　价：	68.00元
ISBN 978-7-5130-7562-6			

出版权专有　侵权必究
如有印装质量问题，本社负责调换。

自　序

继 2018 年推出《"三言"中的法律》（知识产权出版社出版）之后，笔者感到在法律与文学或曰文学与法学这一交叉地带仍有继续探讨的必要，故而埋头耕耘，向读者诸君奉献出这样一部作品。

《水浒传》是一部据称成书于元末明初的白话长篇章回小说。现在我们一般认为，该书的作者是施耐庵，整理者罗贯中，删改者金圣叹。而且，就该书的版本来说，有 100 回本（明容与堂本）、120 回本（明袁无涯刻本）、115 回本（明崇祯元年刘兴我刊本）等。[①] 这本书有一定的历史根据。

我们一般认为，宋江起义甚至被朝廷招安去攻打另一支由方腊领导的起义军确有其事。当然，目前，较为权威的历史研究认为，宋江领导的京东路农民起义时间大约在宣和元年（1119）年底前，宋江等 36 名首领接受了宋朝的招安，起义宣布失败。[②]

宋江等 36 名首领或 36 人的故事从北宋末年以来即开始流传，且有较大的影响力。施耐庵的贡献在于将其之前的相关传奇整理编写出来，形成一部传之久远的中国古代四大文学名著中的一部，也是"六大才子书"之一。[③] 当然，既然是一部依据史实改编的小说，《水浒传》中夸大的成分也

[①] 例如，岳麓书社在 1988 年出版的《水浒全传》120 回本，就是以明末杨定见序、袁无涯刻本为底本，校以容与堂、贯华堂、芥子园诸本，参校中华书局排印本以及"文革"期间上海人民出版社出版的本子，择善而从。参见施耐庵著：《水浒全传》，岳麓书社 1988 年版，"前言"（李希凡撰写）第 9 页。

[②] 参见邓广铭、漆侠、朱瑞熙、王曾瑜、陈振著：《宋史》，中国大百科全书出版社 2011 年版，第 65 页。

[③] 信息来源：搜狗百科《水浒传》，访问日期：2020-07-03。

◎"水浒""二拍"中的法律

就不可避免。例如，108将显然是夸大其词了。接受招安后的宋江等人是否有奉诏破大辽、征田虎、败王庆、攻打方腊之类的事迹似乎也存疑。

《水浒传》是众多的读者喜闻乐见的文学作品，也是笔者少年时代的钟爱之物。多年之后重读此书，更有别样的理解和感受。笔者以为，《水浒传》有相当一部分的章节（主要在前73回）涉及北宋年间的法律且与小说中众多人物有关联。因此，从法律与文学的角度来审视或解读这部古典文学名著，我们可以产生不一样的感悟或结论。

作为中国古代的白话长篇章回小说的典范，《水浒传》对于阅读者的文字理解能力的要求似乎并不高。但是，阅读过程中需要注意的是相关人物与情景的不断转换。此外，需要注意的是，今天我们重新阅读此书，会发现其渲染的某些暴力成分与我们所处的时代不相符合。这就要求我们站在历史和时代的高度，认真展开思考，进行必要的批判。当然，我们将以涉法程度较高的章节为依托，展开相对具体的分析。

目　录

一、"水浒"中的法律

1. 张天师祈禳瘟疫　洪太尉误走妖魔：不无深意的楔子与伏笔　/3
2. 王教头私走延安府　九纹龙大闹史家村：故事由此正式开始　/5
3. 史大郎夜走华阴县　鲁提辖怒打镇关西：值得警惕的义愤　/10
4. 赵员外重修文殊院　鲁智深大闹五台山：佛门与俗世之间　/13
5. 小霸王醉入销金帐　花和尚大闹桃花山：婚姻大事绝非儿戏　/15
6. 九纹龙剪径赤松林　鲁智深火烧瓦罐寺：令人担忧的治安状况　/17
7. 花和尚倒拔垂杨柳　豹子头误入白虎堂：林冲的遭遇　/19
8. 林教头刺配沧州道　鲁智深大闹野猪林："野猪林"的多重含义　/22
9. 柴进门招天下客　林冲棒打洪教头：北宋末年监狱的黑暗　/25
10. 林教头风雪山神庙　陆虞候火烧草料场：林冲的绝地反击　/28
11. 朱贵水亭施号箭　林冲雪夜上梁山：走上不归之路　/30
12. 梁山泊林冲落草　汴京城杨志卖刀：杨志人生的至暗时刻　/32
13. 急先锋东郭争功　青面兽北京斗武：从阶下囚到提辖　/36
14. 赤发鬼醉卧灵官殿　晁天王认义东溪村："不义之财，取之何碍"　/39
15. 吴学究说三阮撞筹　公孙胜应七星聚义：谋夺生辰纲　/41
16. 杨志押送金银担　吴用智取生辰纲：不无疑虑的智取　/42
17. 花和尚单打二龙山　青面兽双夺宝珠寺：刺配刑的另一种作用　/45
18. 美髯公智稳插翅虎　宋公明私放晁天王：义气与法度　/48
19. 林冲水寨大并火　晁盖梁山小夺泊：非正常的江湖社会　/52
20. 梁山泊义士尊晁盖　郓城县月夜走刘唐：希望保持适度距离的宋江　/54

21. 虔婆醉打唐牛儿　宋江怒杀阎婆惜：陷入窘境的宋押司　　　　　　　/57
22. 阎婆大闹郓城县　朱仝义释宋公明：喧嚣之后的沉寂　　　　　　　　/61
23. 横海郡柴进留宾　景阳冈武松打虎：打虎之后　　　　　　　　　　　/64
24. 王婆贪贿说风情　郓哥不忿闹茶肆：武大郎案件何以发生　　　　　　/66
25. 王婆计啜西门庆　淫妇药鸩武大郎：王婆的设计与失算　　　　　　　/69
26. 偷骨殖何九叔送丧　供人头武二郎设祭："私人救济"导致的惨剧　　/71
27. 母夜叉孟州道卖人肉　武都头十字坡遇张青：武松遭遇的江湖　　　　/75
28. 武松威震平安寨　施恩义夺快活林：监狱黑暗之再现　　　　　　　　/79
29. 施恩重霸孟州道　武松醉打蒋门神：快活林的所有权问题　　　　　　/81
30. 施恩三入死囚牢　武松大闹飞云浦：金钱、暴力与阴谋　　　　　　　/83
31. 张都监血溅鸳鸯楼　武行者夜走蜈蚣岭：行走在黑暗之中的英雄　　　/86
32. 武行者醉打孔亮　锦毛虎义释宋江：两名在逃犯人的不同选择　　　　/88
33. 宋江夜看小鳌山　花荣大闹清风寨：惹祸上身的源头　　　　　　　　/91
34. 镇三山大闹青州道　霹雳火夜走瓦砾场：宋江的计谋　　　　　　　　/92
35. 石将军村店寄书　小李广梁山射雁：人才与十恶不赦的罪人　　　　　/94
36. 梁山泊吴用举戴宗　揭阳岭宋江逢李俊：刺配江州　　　　　　　　　/97
37. 没遮拦追赶及时雨　船火儿夜闹浔阳江：路遇"三霸"
　　　与上下使钱　　　　　　　　　　　　　　　　　　　　　　　　/99
38. 及时雨会神行太保　黑旋风斗浪里白跳：江州城的另类囚徒　　　　 /102
39. 浔阳楼宋江吟反诗　梁山泊戴宗传假信：因言获罪的讨论　　　　　 /105
40. 梁山泊好汉劫法场　白龙庙英雄小聚义：关于宋代的死刑　　　　　 /108
41. 宋江智取无为军　张顺活捉黄文炳：值得注意的非理性色彩　　　　 /112
42. 还道村受三卷天书　宋公明遇九天玄女：官府在行动　　　　　　　 /116
43. 假李逵剪径劫单人　黑旋风沂岭杀四虎：李云都头的教训与无奈　　 /118
44. 锦豹子小径逢戴宗　病关索长街遇石秀：军汉、强人与异姓兄弟　　 /121
45. 杨雄醉骂潘巧云　石秀智杀裴如海：法里与法外　　　　　　　　　 /123
46. 病关索大闹翠屏山　拼命三郎火烧祝家店：逃亡路上的民事纠纷　　 /125
47. 扑天雕双修生死书　宋公明一打祝家庄：古代中国的基层自治　　　 /128

48. 解珍解宝双越狱　孙立孙新大劫牢：暴力、仇杀与理性、法制　　/131

49. 吴学究双掌连环计　宋公明三打祝家庄：梁山的"军令"　　/133

50. 插翅虎枷打白秀英　美髯公误失小衙内：前后两个惨烈的故事　　/135

51. 李逵打死殷天锡　柴进失陷高唐州："丹书铁券"的效力　　/138

52. 吴用智赚玉麒麟　张顺夜闹金沙渡：卢俊义冤案的前奏　　/140

53. 放冷箭燕青救主　劫法场石秀跳楼：首告与金钱的再显神威　　/142

结　语　/149

二、"二拍"中的法律

1. 姚滴珠避羞惹羞　郑月娥将错就错：万历年间的
一桩假冒他人的案件　　/155

2. 酒下酒赵尼媪迷花　机中机贾秀才报怨：被害人的反击　　/158

3. 乌将军一饭必酬　陈大郎三人重会：先后两个与强盗有关的故事　　/160

4. 宣徽院仕女秋千会　清安寺夫妇笑啼缘：死去活来的姻缘　　/163

5. 韩秀才乘乱聘娇妻　吴太守怜才主姻簿：一个有关婚约的故事　　/166

6. 恶船家计赚假尸银　狠仆人误投真命状：理性和冷静真的很重要　　/168

7. 陶家翁大雨留宾　蒋震卿片言得妇：私奔后的婚姻变奏曲　　/172

8. 赵六老舐犊丧残生　张知县诛枭成铁案：古代法律的伦理色彩　　/174

9. 酒谋财于郊肆恶　鬼对案杨化借尸：让鬼神作证或申冤　　/176

10. 卫朝奉狠心盘贵产　陈秀才巧计赚原房：法律允许的智慧　　/179

11. 张溜儿熟布迷魂局　陆蕙娘立决到头缘：续弦与骗局　　/182

12. 西山观设箓度亡魂　开封府备棺追活命：人性与法律　　/184

13. 李公佐巧解梦中言，谢小娥智擒船上盗：元和年间的奇案　　/186

14. 夺风情村妇捐躯　假天语幕僚断狱：判决及其存疑　　/189

15. 顾阿秀喜舍檀那物　崔俊臣巧会芙蓉屏：破镜重圆的故事　　/191

16. 通闺闼坚心灯火　闹图圄捷报旗铃：科举与婚姻　　/193

17. 王大使威行部下　李参军冤报生前：没有人证又何妨　　/195

18. 何道士因术成奸　周经历因奸破贼：两起谋反案件及其结局　　/197

19. 乔兑换胡子宣淫　显报施卧师入定：科举、民风与法律　　/199
20. 张员外义抚螟蛉子　包龙图智赚合同文：分家析产的故事　　/201
21. 诉穷汉暂掌别人钱　看财奴刁买冤家主：人证缺失的案件　　/204
22. 东廊僧怠招魔　黑衣盗奸生杀：魔幻与现实交错的案件　　/206
23. 进香客莽看金刚经　出狱僧巧完法会分：
　　镇寺之宝失而复得的故事　　/209
24. 小道人一着饶天下　女棋童两局注终身：奇妙的婚姻争讼案　　/211
25. 青楼市探人踪　红花场假鬼闹：贪婪引发的恶果　　/214
26. 襄敏公元宵失子　十三郎五岁朝天：五岁神童牵出的大案　　/217
27. 李将军错认舅　刘氏女诡从夫：动乱年间的婚姻　　/219
28. 赵五虎合计挑家衅　莫大郎立地散神奸：避讼的智慧　　/221
29. 满少卿饥附饱飏　焦文姬生仇死报：交付冥判　　/223
30. 硬勘案大儒争闲气　甘受刑侠女著芳名：真伪难辨的案件　　/226
31. 赵县君乔送黄柑　吴宣教干偿白镪：贪色的代价　　/229
32. 韩侍郎婢作夫人　顾提控掾居郎属：好人有好报的故事　　/231
33. 迟取券毛烈赖原钱　失还魂牙僧索剩命：三个冥判的故事　　/234
34. 两错认莫大姐私奔　再成交杨二郎正本：私奔之后的官司　　/238
35. 神偷寄兴一枝梅　侠盗惯行三昧戏：不可逾越的底线　　/242

结　语　/244

致　谢　/246

一、"水浒"中的法律

1. 张天师祈禳瘟疫　洪太尉误走妖魔：
不无深意的楔子与伏笔*

第一回故事梗概

故事从北宋仁宗嘉祐三年三月三日五更三点的早朝讲起。

北宋嘉祐三年为公元1058年，一场洪水泛滥，威胁到当时的首都东京汴梁以及其他一些地方，并在梁山一带形成八百里水泊。这一回或楔子讲述洪太尉误走妖魔与11世纪的这场洪水联系在一起，绝非随意之举。

北宋仁宗皇帝（1023—1063年在位）在宋代历史上应该算是一位不错的君主。所谓仁宗，应该是其对臣民宽和。就其任用人才来看即有较好的表现，例如，当时的文彦博等人都是一时之选。

五更三点大约在3：48至4：12，这个时候还很早，君臣此时就开始工作，无疑是勤政的表现。

宰相赵哲、参政文彦博的出班奏，给出的信息量比较大：京师瘟疫盛行；给天子的建议；后者听奏后的相应反应。

疫情加重后，仁宗与百官商议，参知政事范仲淹提出建议（祈禳），洪信为天使前往江西信州龙虎山。龙虎山上清宫道众迎接，洪太尉观赏龙虎山美景及其独自一人清早上山寻见天师（以表示志诚）的意外遭遇（吊睛白额大虫、会喷毒气的雪花大蟒、吹着一管铁笛的道童亦即天师本人）。

---

* 本书采用《水浒传》全本120回的总目录。

次日早晨,道众请洪太尉游山,后者执意开启"伏魔之殿",于是误走妖魔。

点评

  这是全篇小说的开头,应该说此时距离北宋的建立已近百年。尽管距离北宋末年还有大约半个多世纪,但是这种开头是不可缺少的,算是一种伏笔或引子。

  在这一回,我们看到赵宋王朝建立的政权相对稳定,经济相对繁荣,文化相对兴盛。就其政治、法律而言,自从开国皇帝宋太祖赵匡胤建立北宋,即已奠定了这个王朝的基础,国家逐步统一,法律制度已经大体建立起来,虽然就其统治的疆域来说不及盛唐。

  当然,诸如黄河河水泛滥以及瘟疫的流行等灾害还是会给统治者施加一定的困难或压力,考验着统治者的政治智慧和执政能力及其相应的制度安排。总体上,宋仁宗应该说是一位较有作为的君主,就上述灾害的处理而言,能够听从大臣的建议,做出了相应的举措。而且其任用的主要大臣也是宋朝历史上较为出色的人才,诸如文彦博、范仲淹等。上述这些治国良才通过宋朝科举取士而来,这种始自隋朝、兴盛于唐、定型于宋的官僚选拔制度,此时已经发挥出其应有的积极作用。

2. 王教头私走延安府　九纹龙大闹史家村：
　　故事由此正式开始

> 第二回故事梗概

　　洪太尉误走妖魔是后来北宋末年宋江等人作乱的根源。这位洪太尉也不敢实言，瞒过仁宗。仁宗之后的北宋君位相继传至英宗、神宗、哲宗。到哲宗统治期间（1086—1100），高俅在小说正文中登场亮相。

　　小说在介绍高俅的时候，使用了"开封府汴梁宣武军""浮浪破落户子弟"等字眼，意在说明高俅家境不好。同时，也没有否定其在吹弹歌舞、刺枪使棒、相扑玩耍、诗书词赋等方面的才华。高俅所缺乏的正是当时主流社会倡导的仁义礼智信，亦即品行不端。

　　早年的高俅也是有些本事的，尤其是在蹴鞠方面十分出色。① 但是，不符合主流社会的价值观，而且也没有通过科举进入体制，只好做做一些临时的工作谋生，包括为当时颇有名声的小苏学士处理一些事务。因为教唆他人子弟胡乱花钱被人告状，判了一个"脊杖二十，迭配出界发放"。后来遇到哲宗赦免天下，回到东京。通过董将仕的推荐，到驸马王晋卿府里做个亲随。一个偶然的机会，高俅巧遇端王亦即后来的宋徽宗，并因为蹴鞠方面的出色表现，给年轻的端王留下了深刻印象，就此成为端王的亲

---

　　① 蹴鞠为古代游戏节目，相传为黄帝所创，春秋时开始流行，汉、唐时期有所发展，形成一定的规则，具有竞赛对抗色彩，并逐渐由军营传至民间，宋代更是有多种玩法。参见王家范、谢天佑主编：《中华古文明史辞典》，浙江古籍出版社1999年版，第298页。

随。宋徽宗即位后,高俅被任命为殿帅府太尉,因念旧仇(从高俅与王进的对话中,我们知道王进父亲王升曾经担任过都军教头。后来,王进回家与老母亲的对话可以得知高俅与王升结仇的由来),意欲报复八十万禁军教头王进。王进与老母只得赶紧避走延安府,投靠老种经略相公。

王进和母亲路过史家村,受到史太公款待,教授九纹龙史进十八般武艺(史进有很好的武术基础,严格说来,应该是对他从头点拨,使得其武艺更加高强),竟在史家村逗留半年以上。

史进和父亲苦留不住,重金酬谢,送出十里开外。

半年后,史太公去世,厚葬。

再数月后,史进从附近猎户李吉口中得知临近的少华山一带有"强人"出没,官府无力讨剿,只得出赏钱三千贯悬赏缉拿。史进召集本村人,准备抵御强人。

少华山强人缺粮,欲打劫附近的华阴县,头领之一的陈达率领部分喽啰下山与史进交手,被擒拿。

其他两个头领朱武、杨春知道武艺不及史进,故而施展苦肉计,主动请降,感动史进,四人居然结为兄弟。此后,他们时常有馈赠及书信往来。

史进的庄客王四专门代史进处理与少华山一伙的往来。某日,王四大醉,随身书信、银子等被猎户李吉拿走,后者出首到华阴县。

中秋月夜,朱武等人来史家村与史进相会赏月吃酒,不料华阴县尉率领三四百个士兵前来捉拿。

点评

故事由此正式开始,其生动性、连贯性、起伏性等由此可见一斑。

中国古代大约从夏启开始,盛行家天下的制度,夏、商、周、秦、汉、隋、唐等朝,无不如此,宋代也是这样。家天下的模式对于君主的要求其实也是比较高的,"内圣外王"就是一种基本的表达。当然,北宋的建立得之于赵匡胤等人的"陈桥兵变",有其一定的偶然性,这也是中国历史上"五代十国"时期较为流行的模式。只是赵匡胤建立宋朝之后,北宋君臣善于总结历史的经验与教训,对于国家的治理形成了一套较为清晰的思路和制度。客观地说,这种思路和制度到了宋徽宗(1101—1126年在位)时期,仍然有着强大的惯性。

当然,宋徽宗的继位也有较大的偶然性,当时的大臣也有投反对票的。①

宋徽宗继位(哲宗早逝,无子)之时,也只是一个十八岁左右的年轻人,很难说其是否适合做君主。依照中国古代君主"有嫡立嫡,无嫡立长"的继承原则,哲宗的继承人几乎肯定不是他。当然,作为当时的皇弟之一,他也是有资格继承皇位的。但是,主要是神宗的皇后向皇后(后称向太后)力挺,宋徽宗才得以继承兄长哲宗的皇位。如果不是处于北宋王朝的垂暮之期,宋徽宗或许会平安度过一生,也未必就会遭遇"靖康之变",成为亡国之君。而且,有一种说法认为,宋徽宗有三次逃跑的机会,结果他都没有很好地利用。如果利用上述机会的话,至少不会遭受到后来的凌辱。

当然,历史难以假设。在其执政的26年间,宋徽宗作为君主是颇为失败的。有学者认为,其在位期间,朝政腐败日趋严重,经济上盘剥无度,因而激起民变;对外部环境缺乏准确的判断与决策;在军事方面准备不足,致使金军长驱直入,终于导致北宋覆灭。②另有学者认为,宋徽宗统治的二十多年,是北宋政治史上最黑暗的时期。③游彪教授在《宋史十五讲》中专门用第三讲的篇幅谈到"靖康之变:艺术天才和政权的危机",较为详细地分析了宋徽宗在国家治理方面的得与失。④当然,这位"错位的天才"无疑是治国理政方面很失败的典型。

---

① 2015年12月8日的央视科教频道(CCTV-10)"百家讲坛"栏目播出的"宋徽宗之谜·意外登基之谜",北京电影学院丁牧教授对于时为端王的赵佶继位做了较为详尽的介绍。
② 参见虞云国著:《从陈桥到厓山》,九州出版社2016年版,第232页。
③ 参见陈胜利著:《弱宋:造极之世》,清华大学出版社2016年版,第26页。
④ 参见游彪著:《宋史十五讲》,凤凰出版传媒集团 凤凰出版社2011年版,第40-57页。

仅就用人方面来说，宋徽宗在某些重要人物的任用上是存在较大的问题的。例如，高俅神奇地进入官场且很快成为太尉，与徽宗的宠信不无关系。超常规地提拔高俅，似乎只能说明宋徽宗与高俅在某些方面有共同兴趣或爱好（典型的就是二人对于蹴鞠的喜好，高俅也正是由于自己这方面出色的表现给年轻的端王留下了非常深刻的印象）。

高俅是否逼走禁军教头王进和后来的林冲，历史上不见正式的记载。高俅治军不严甚或废弛以及公权私用等，却是有一定历史依据的，可以参考南宋时汪藻撰写的《靖康要录》对此的描述。仅凭这一点（人员的任免，尤其是国家重要职官的任用上）即可以看到，宋徽宗作为君主是不合格的。根据历史记载，宋徽宗重用蔡京、高俅、童贯、杨戬等"六贼"，败坏风纪，更是应当负有领导责任。仅就高俅而言，从一个帮闲在不到半年的时间里一跃而为殿帅府太尉，确实是一件令人大跌眼镜的事情。所谓"乱自上作"之说是有一定的道理的，至少，在高俅的火箭式的提拔方面，身为君主的宋徽宗难辞其责。我们知道，北宋立朝之初，即有制度方面的创新与严格要求。但是，在制度之外，也有例外或对于制度的任意违反或破坏。例如，宋徽宗之于高俅的重用就极其失当。假设任命他为蹴鞠的教练（如"齐云社"的教头）；则可谓人尽其才。所以，《水浒传》的作者在该书第二回中的一首诗不无讽刺意味："不拘贵贱齐云社，一味模棱天下圆。抬举高俅毬力气，全凭手脚会当权。"

关于高俅是否被人称为"高毬"，后来自己改为"高俅"以及早年的高俅是否如此行为不堪（包括小苏学士苏东坡借故将其推给其他人、高俅因为教唆他人子弟花天酒地等等），当代有学者表示怀疑。而且，小说中的某些描写是完全否符合史实，有学者也认为是存疑的。①

关于北宋徽宗年间有无《水浒传》中的"殿帅府"这一机构，目前至少是存疑的。例如，查阅相关研究，我们找不到这一机构。或许，"殿帅

---

① 例如，网名"簪花相模守"的作者对于《水浒传》中高俅早年变泰发迹及其某些不堪的经历等表示怀疑，认为小说对于历史有真实的反映，也有虚构的成分。信息来源：知乎，https：//zhuanlan.zhihu.com/p/30588025，访问日期：2020-02-23。

府"就是殿前司的混用。① 至于太尉一职，宋徽宗年间是存在的，但却只是武官官阶最高的一级，本身并无实权，一般是对于高级武官的尊称。② 当然，从《水浒传》的介绍来看，高俅似乎并不只是一个享有虚衔的太尉，而是一个有职有权的权贵。如果考虑到从北宋时期的三衙演变而来的南宋殿前司及其掌管的事务（包括属下军队的管理、训练、升迁、补缺等）及其诸多职权，高俅其人很可能就拥有如上的各种职权。③ 如此一来，前述南宋时汪藻撰写的《靖康要录》中对于高俅治军不严、公权私用等的记述也就所言不虚了，完全可以联系起来讨论。

《水浒传》中的少华山"强人"的出现及其逍遥法外，意味着当时的社会治安存在一定的问题，负有守土职责或保一方平安的官府一时之间也没有很好的办法。但是，官府（诸如华阴县）并没有放弃自己的职责，而是采取了积极的行动。例如，在无力剿灭的时候出重赏，在时机成熟的时候派兵围剿。史进在与朱武等人结拜前，作为地方里正，也是站在官府一边的。召集史家村民众预防强人的侵扰，多少具有自保的性质，其实也在当时法律许可或鼓励的范围之内。

猎户李吉"出首"即是为官府赏钱而来，史进后来与朱武等人往来，却是有违法律的行为。上述二人截然不同的行为足可说明，在故事发生的北宋是有"法度"的。

---

① 参见陈茂同著：《中国历代职官沿革史》，百花文艺出版社2005年版，第307－315页。
② 同上书，第552－553页。
③ 关于南宋殿前司及其职权，参见陈茂同著：《中国历代职官沿革史》，百花文艺出版社2005年版，第315页。

3. 史大郎夜走华阴县　鲁提辖怒打镇关西：
　　　　　　　　　　　值得警惕的义愤

> **第三回故事梗概**

史进杀掉王四和李吉，与朱武等人杀退华阴县官兵，上少华山暂避，后来到渭州寻找师父王进，却知道师父在老种经略处。

结识小种经略府的提辖鲁达以及自己的开手师父"打虎将"李忠。[①]

三人吃酒之时，从东京流落渭州的金家父女的遭遇引起鲁达的同情和义愤。在金家父女离开后，上演鲁达怒打镇关西的好戏；之后，鲁达逃离至代州雁门县。

> **点评**

这一回精彩之处在于鲁达怒打镇关西（郑屠），故事的主角无疑转换成身为军官的提辖鲁达。相关研究显示，提辖在宋代为官职的称呼，宋代州郡多设置提辖，或由守臣兼任，专管统辖军队、督捕盗贼，[②] 鲁达就是一位提辖。

[①] 老种经略、小种经略，应该是指北宋名将种师道叔侄。信息来源：搜狗百科"种师道"，访问日期：2020-02-23。关于种师道，另参见王家范、谢天佑主编：《中华古文明史辞典》，浙江古籍出版社1999年版，第650-651页。

[②] 信息来源：搜狗百科，访问日期：2020-02-22。

鲁达怒打镇关西，显然是出于义愤。相比之下，依靠摆摊赚钱的李忠和打算投奔师父王进的史进二人，均无如此表现。

故事中所谓的"镇关西"其实是一名发了财的屠夫，仗着在小经略府手下做个肉铺户，不免膨胀起来。如果金家父女所言不虚，那么，这位"镇关西"（请注意，鲁达当初做五路廉访使的时候也有此称号）确实有欺男霸女的行径（"虚钱实契"，所谓三千贯非但没给，反倒要求金家父女偿还。否则，不得离去）。有现代学者认为，鲁达可能存在偏听偏信。因为，如果金翠莲夸大事实或捏造事实即盲目相信，势必冤枉另一方当事人郑屠或镇关西。而且，我们看到，在这一回，鲁达根本就不给镇关西解释的机会即致死人命，显然有违法律与公平。但是，当法律与正义冲突之时，作为弱势一方的老百姓选择的是正义。这个时候，暗含了老百姓一方对于官府与法律的不信任态度。①

鲁达打死镇关西后，官府当然有所举动。因为此人属于小经略府的人，接案的州衙还不便直接捉拿，需要通过小经略府。鲁达逃走，地方官府开始验尸、叠成文案、出告示缉捕（杖限缉捕凶身）等工作。至于案发当时没有及时制止的邻右"杖断有失救应"，"（鲁达）房主人并下处邻舍，止得个不应"。上述描述，可以让读者清楚地了解，在故事发生的宋代，人们的种种行为极有可能落入法律的治理范围内。换言之，一旦有可能，法律会与相关人员产生联系。例如，故事中的鲁达故意激怒镇关西，最终将其殴打致死，镇关西的邻右似乎有制止和扭送官府之责。当然，慑于鲁达的厉害，无人敢于出面制止。鲁达打死镇关西后，也没有人对其阻拦，更不用说送官。小说中是这样写的"街坊邻舍并郑屠的火家，谁赶向前来拦他"。

至于金氏父女，在逃离镇关西之前，房钱等无一不缺地给付，说明故事中的相关行为人（包括鲁达）对于租赁契约的尊重。从这个意义上，我

---

① 参见《〈水浒传〉里正义和法律冲突时，为何百姓都选择正义?》，信息来源：百度百科，访问日期：2020-02-24。

们可以说，这些人本来属于社会中遵纪守法之人。但是，这些原本遵纪守法之人面对黑恶势力或蛮横之徒的时候，不足以保护自己或没有足够的途径或资源保护自己，或忍气吞声，或快意宣泄以非法暴力来抵抗他们认为的非正义。

鲁达本来是维护法纪的军官，在打死镇关西后，知道等待自己的法律后果，这也是他选择逃跑的原因。

4. 赵员外重修文殊院　鲁智深大闹五台山：
佛门与俗世之间

第四回故事梗概

在雁门县，被鲁达搭救的金老为答谢其救助，通过其女婿赵员外（其女做了赵员外的外室）介绍到佛教之地五台山文殊院出家，长老赐其法名"鲁智深"。鲁智深受不得约束，破了酒戒（挑酒人的酒，没来得及收到款项就被鲁智深喝掉，包括部分被浪费掉），酒醉后，与寺内其他僧人发生暴力冲突，被长老阻止。

一日，鲁智深到附近集市出钱五两银子向铁匠定制禅杖、戒刀。鲁智深想喝酒，但众多酒家拒绝，因为寺院事先有相关规定。鲁智深后来在一个偏僻小酒馆喝酒、吃狗肉，乘着酒兴，将寺院的柱子打折一根、泥塑金刚等打坏，并打伤寺内僧众数十人。长老无奈，只得告知赵员外，打算打发鲁智深去其他寺院。

点评

鲁达化身为和尚鲁智深，无疑是为了逃避法律的制裁。金老和女儿搭救鲁达，是因为他在自己陷于困境之时出手相助；赵员外帮助鲁达，是因为报答他在关键时刻曾经无条件地帮助了自己的岳父和外室。在面对鲁达时，上述这些人应该清楚鲁达的所作所为与法律规定产生碰撞，但却依据

◎ "水浒""二拍"中的法律

自己与鲁达形成的特殊联系行事。当然，如果鲁达被捕，这些人会受到法律相应的制裁，这也是即使是没有参与怒打镇关西的李忠和史进后来纷纷逃避的原因。

佛门可能是鲁达亦即后来的鲁智深逃避法律惩罚的场所，① 但也有自身的诸多清规戒律，例如酒肉之戒。当然，佛门的仁慈和宽容也是有一定限度的，当作为佛门弟子的鲁智深屡次违反戒律时，送其到另外的寺院修行应该是更好的选择。

佛门与俗世之间其实不乏种种密切的联系。例如，故事中的赵员外作为寺院的檀越或大施主，可以将杀人犯充作自己的表弟隐名送来寺院出家。作为寺院一方，也不会认真追究其来历。

我们知道，中世纪的西欧基督教会实际上是一个大地主，拥有非常之多的财产，包括不动产，对于广大的教徒具有较强的约束性。古代中国社会的某些寺院其实也不乏这方面的相似性。例如，在这一回故事中，我们读到鲁智深第一次醉酒喝的酒即来自某个为寺院火工等人提供酒类的小贩，如果其言不虚，那么，文殊院对于小贩之类的小人物就具有某种特殊的权力或约束力，亦即其不得供酒给寺院中的僧人。鲁智深后来临时离开寺院到山下的集市喝酒，遭到众多酒店拒卖，足以证明这一点。故事中的卖酒人未必属于佛家俗家弟子，但却可能是经济方面的原因，受制于佛门戒律。

鲁智深前后两次乘醉闹事，毁坏寺内财物、打伤众多僧人的行为，其实也是需要赔偿或补偿的。当然，埋单的不是他本人，而是那位间接受了其恩惠的赵员外。

---

① 西欧中世纪的教堂有时也会成为当时一些违法犯罪之徒或逃避迫害的人士的法外之地，这些人会以"避难"的名义躲在教堂。这种所谓的"圣殿庇护权"是教会与世俗政权达成的妥协，属于教会享有的两项特权之一（另一项为"教士豁免权"，亦即教会法庭对于犯罪教士的司法审判权，不受世俗法庭管辖）。"圣殿庇护权"是从教堂（包括教堂建筑物与教堂庭院）的神圣不可侵犯性派生出来的。当然，除了少数拥有"特许权"的教堂（例如，威斯敏斯特教堂，可以无限期地庇护避难者）外，一般的教堂圣地只享有40天的庇护权。如果在40天的期限到后继续向庇护者提供食物和饮水等，则被认为是犯罪行为。详情参见刘城著：《英国中世纪教会研究》，首都师范大学出版社1996年版，第167-171页。

5. 小霸王醉入销金帐　花和尚大闹桃花山：
　　婚姻大事绝非儿戏

第五回故事梗概

鲁智深投宿桃花村，获知附近桃花山强人"小霸王"周通要强娶刘太公独生女儿。鲁智深出于正义教训小霸王，桃花山寨主下山来报复，不料此寨主却是打虎将李忠。因为惧怕鲁达官司的牵连，李忠逃亡在外，打败周通，被推为桃花山第一头领。鲁智深劝周通退了这门亲事，因见李忠等人吝啬，抢走桃花山的部分金银酒器等物，不辞而别。

点评

古代中国婚姻大事，当事人双方及其家庭都是较为看重和认真对待的。尽管婚姻讲究"父母之命，媒妁之言"，同样也不排除当事人双方或其尊长的自由选择。

故事中的桃花村的刘太公只有一个女儿，家庭富裕，有心招一个上门女婿养老送终，应该属于正常要求。那位以打家劫舍为生的小霸王周通非但不是合适人选，而且迟早会连累女方。当然，慑于对方的强势地位，刘太公一方不得不从。如果不是鲁智深出于正义加以干预，女方估计多半只能够屈从。

故事中的鲁智深一时回归到守法良民和缉捕盗贼的军官的本性或身

◎ "水浒""二拍"中的法律

份,喝教刘太公手下的庄客将打败的盗贼绑缚起来送官。当然,事情的发展是李忠、鲁达相认,故而没有送官。

刘太公在与鲁智深交谈过程中谈到桃花山强盗猖狂,青州府没有办法讨剿,说明当地匪情严重,官府对此无能为力。若非武功出众的鲁智深出手干预,这种类似儿戏的婚娶闹剧也就成功上演了。

庄客和庄主在水浒传中不断出现,反映当时乡村中的这些特定人群及其生活的某些样貌。就宋代的庄客而言,他们是地主田庄里的佃农或雇农,对于地主有一定的依附关系。①

鲁智深打翻并捆绑桃花山小喽啰、抢走桃花山的金银酒器等物的行为当然缺乏合法性。但是,估计以他的理解,这些财物应该是来路不正之物或非法取得之物。这种"黑吃黑"的行为,在《水浒传》中,我们还会一再见识。

---

① 关于隋唐以来的庄客及其对于地主或庄主的依附性等,参见王家范、谢天佑主编:《中华古文明史辞典》,浙江古籍出版社1999年版,第12页。

6. 九纹龙剪径赤松林　鲁智深火烧瓦罐寺：令人担忧的治安状况

第六回故事梗概

鲁智深来到瓦罐寺，不想却得知两个绿林强盗崔道成（外号"生铁佛"）和邱晓乙（外号"飞天夜叉"）霸占寺院，无恶不作，因为官府管不住，其他僧人无可奈何。鲁智深独自一人斗不过这两个冒牌僧道，刚好巧遇"剪径"的九纹龙史进，二人联手，灭了崔、邱，其他僧人惧怕崔、邱报复，先行自杀，被崔、邱掳来的妇人也自杀身亡。鲁智深和史进放火烧了瓦罐寺（或名"瓦官寺"），然后作别。史进投寻师父王进未遇，决定去少华山。鲁智深去东京大相国寺，并被委派看守相国寺的菜园。

点评

佛教诞生在古印度，其在中国盛行大约始于东汉年间，一度曾经对于古代中国社会的影响较大。宋代时期也是如此，尽管包括宋徽宗在内的北宋君主曾经在一段时间内较为迷恋道教，佛教略受打击。在宋真宗统治时期（998—1022），佛学达到宋朝最为鼎盛的阶段，僧侣规模也最大。宋朝一度盛行度牒制度，相当于出家人的通行证，借此缓解财政困难，以徽宗朝和南宋绍兴年间较为突出。① 在《水浒传》中，我们会看到度牒出现。

这一回，小说通过鲁智深去往东京大相国寺路上的经历，为读者展现沿途某些地方治安令人担忧的情况，如强娶民女的小霸王周通、劫取过路客人钱财并因此伤害其中部分客人性命的桃花山盗贼以及假冒僧道的"生铁佛"崔道成和"飞天夜叉"邱小乙等人及其所作所为。这些非同寻常的经历说明，即便是北宋政府从根本上还能够掌控局面，但是某些值得注意的问题业已显现，犯罪已经构成较大的危害性，挑战政府的权威与法律的尊严。官府相关的应对却远远谈不上完善，依靠鲁智深们的自力救助显然很成问题。而且，鲁、史之类本身即是具有反社会倾向的人士（原因在此不必展开讨论），其社会危害性在有的时候实则惊人。例如，火烧瓦罐寺，与其说毁坏了这所寺院，不如说是为了掩盖或毁灭杀人的证据。再如，受鲁达怒打镇关西事件的影响，九纹龙史进投寻师父无着，接下来的选择就是投奔桃花山，完全走向反社会群体的行列。②

---

① 参见山南慕北"宋代宗教文化发展概况"，信息来源：http://www.todayonhistory.com/lishi/201510/20764.html，访问日期：2020-02-23。

② 这种反法制的倾向已为一些学者注意和研究。例如，网名"laotie"的作者在《水浒传中的法律问题》一文中，认为梁山英雄的相关行为涉及的（现代意义上的）罪名很多。信息来源：百度知道，访问日期：2020-02-24。

7. 花和尚倒拔垂杨柳　豹子头误入白虎堂：
林冲的遭遇

第七回故事梗概

这一回故事主角从花和尚鲁智深转为身为八十万禁军枪棒教头的"豹子头"林冲。故事讲到鲁智深依仗自身功夫，收服了企图暗算自己、想令自己出丑的众泼皮，一日喝酒时倒拔垂杨柳，展现其非同一般的膂力；挥舞禅杖，令禁军教头林冲也不禁喝彩。二人结识，英雄相惜。说起来，鲁智深之前还认识林冲的父亲林提辖。

故事再起波澜：林冲妻子美貌，令高衙内垂涎，手下富安设计，虞候陆谦不顾与林冲的多年情谊，参与高衙内的丑行，甘做帮凶。但是，几次三番，高衙内没有得手，生起怪病。为保这位螟蛉之子，高俅决计陷害自己欣赏的教头林冲。

点评

这一回在《水浒传》中颇为出彩，相信读者应该较为熟悉。

我们知道，宋代的禁军是当时受中央政府直接管辖和指挥的生力军，其选拔、训练和管理等均有较为严格的规定。当然，北宋年间的军队除了禁军，还有厢军等地方部队。军队的数量在北宋年间大体上呈现有增无减的趋势，到庆历年间（1041—1048），北宋禁军与厢军数量已经超过120

◎ "水浒""二拍"中的法律

万,相当于北宋初年军队的六倍。但是,与其庞大的数量非常不匹配的是,北宋军队缺乏训练,军纪涣散,兵不知将、将不知兵的局势使得军队战斗力十分低下,对阵西夏、辽、金等很少有胜绩。当然,相比较而言,北宋禁军的战斗力显然强于厢军。

禁军教头应该就是宋代倚重的禁军教练。但是,如果单称教头,也就是一般的教练,地位很低。都教头也就仅仅相当于中下级军官。[①] 通过陆谦和高俅的片言只语,我们知道枪棒教头林冲武艺高强,是一个难得的人才。林冲应该是出身军官之家,按照先前鲁智深的说法,其父也是一位提辖。小说中的林冲有一个幸福的家庭,自身奉公守法,甚至有些委曲求全,无疑只是为了息事宁人,保住自己的饭碗和家庭。所以,面对高衙内的极端丑恶的行径,也只是有限度地表达自己的不满和愤怒。面对顶头上司高俅,林冲甚至有点不得不巴结的意味。例如,误入白虎堂当然是无形中触犯了法律的严格规定,但又何尝不是林冲有意想与这位高太尉搞好关系的意思呢?

再说高衙内其人其行,历史上未必就是真实的存在。据说有关史料记载,高俅有三个亲生的儿子,因为有高俅这个老爹,个个混得都不错。另外一种说法是这位高衙内确有其人,原来是高俅的一个跟班,因为逢迎有术,甘愿给高俅做儿子。[②] 所以,高俅收叔伯兄弟的儿子高衙内为子估计不是真实的,而是小说家之言了。但是,以当时北宋官场任人唯亲的腐败风气来看,仅仅从高俅干儿子靠老爹后门迅速升迁发迹的情况而言,这种仗势欺人、溜须拍马的情况应该是存在的。"衙内"也就成为古代官场一个值得思考和注意的现象。

婚姻家庭在古代社会历来受到法律的严格规定和保护,任何对于他人婚姻家庭肆意破坏者,在理论上,均应受到法律相应的惩罚。高衙内之所以敢于触犯法律的规定,一个重要的原因就是后面有一个能帮忙的老爹以

---

① 参见陈茂同著:《中国历代职官沿革史》,百花文艺出版社 2005 年版,第 622 页。
② 信息来源:搜狗问问,访问日期:2020 - 02 - 23。

及一伙帮凶和帮闲。这些人业已置法律或"法度"于不顾。

而且,具有讽刺意义的是,当高俅设计陷害误入白虎节堂的林冲时,正是以"法度"的名义。

林冲遭到冤屈,一个原本本分的、受人尊敬的军中教官在一日之间沦为阶下囚。假设林冲即便不死于野猪林,不死于草料场,不死于服刑期,能够活着回到东京与妻子团聚,他还能够恢复往昔的荣光和平静、祥和的生活吗?那个标志着耻辱的金印还会使他赢得其他人的尊重吗?所以,高俅、高衙内之流毁坏的是支撑整个社会的法制、正义、公平、和谐、友善、信任、人们美好的生活以及对于未来的种种憧憬。

8. 林教头刺配沧州道　鲁智深大闹野猪林：
　　"野猪林"的多重含义

第八回故事梗概

林冲原本想将自己出重金一千贯购买的宝刀拿给高俅看，借以拉近与这位主管上司的关系，不想遭到居心叵测的高俅陷害。高俅也没有将林冲直接杀掉，而是派人将其押送到开封府。开封府滕府尹审理案件，林冲暂时被关押。林冲丈人自然是上下打点，使其免受牢狱之苦。当案孔目孙定知道内情，影响到开封府尹，林冲死罪得免，被"脊杖二十，刺配远恶军州"。按照地方远近，发配沧州牢城。

林冲丈人送行，为保护妻子，林冲忍痛写下休书。丈人嘱咐林冲只管去服刑，夫妻相会终有机会。两名公差董超、薛霸押送林冲去往沧州，陆谦暗中收买公差，密嘱其借机在途中杀害林冲。一路上，两个公差不时折磨林冲，导致其脚被烫伤，行路艰难。到达野猪林，两名公差想在此地杀掉林冲，动手之前说出高俅等人的毒计。

点评

《水浒传》中的这一回应该是比较精彩、令人印象深刻的。

我们知道，宋朝无疑是讲究法律的。北宋初年，开国皇帝宋太祖即于建隆四年（963）命大理寺卿窦仪等人，以后周《显德刑统》为基础，更定成《宋建隆重详定刑统》（也就是我们较为熟悉的《宋刑统》）。此后，宋代立法适应形势发展需要，趋于不断完备，其法律形式主要有律、敕、令、格、式、例等。其中，编敕被认为是宋代最重要、最频繁、最有特色的立法活动。当然，其立法成绩值得肯定的同时，也给后人留下了一些值得吸取的教训。①

就法律而言，即便是高俅等人想杀害林冲，也必须通过法定的一些程序性要求或规定。也就是说，高俅等人也不敢完全超越法律制度方面的制约。所以，我们看到，无论是谁，作为犯罪行为人或犯罪嫌疑人在被判罪之前，都需要经过官府审理。

在这一回，开封府就承担了案件的审理工作。在审理的过程中，依据的是高俅一方的证词，如"手持利刃，故入节堂，杀害本官"。在案件审理过程中，也允许林冲为自己辩护。此外，除了开封府尹作为案件的主审法官，当案孔目孙定也是一个对于案件的定性极为重要的人物。也就是说，无论如何，依据《水浒传》来看，即便是高俅等人拥有较大的权力，也不敢抛弃法律，直接向弱势一方的林冲下手。换言之，宋代也是一个讲究法律的朝代。当然，我们不可能奢望在北宋年间会有今天意义上的律师为被告一方当事人辩护。这个案件也不可能像我们今天那样，受到大众传媒的关注和舆论的影响。至于司法监督之类，在当时的语境下，更是闻所未闻。

监狱的黑暗于此可见一斑。例如，小说中提到林冲的丈人张教头"买上告下，使用财帛"，足以证明当时如果不这样做，在押人犯恐怕性命难保。可以想象，并非张教头热衷于金钱开路，而是当时的社会风气败坏使然。"脊杖二十"应该也是有讲究的，行刑者在拿到好处费后应当会暗中掌握分寸。否则，估计林冲走不到沧州牢城即已一命呜呼。

前已述之，林冲发配前，写休书给妻子，实为无奈之举。② 当然，古代社会休妻其实是有一定要求或限制的，较为典型的就是"七出"与"三

---

① 参见郭东旭：《宋代法制研究》，河北大学出版社 2000 年版，第 14－69 页。
② 也有人认为，林冲此举不仅显示其懦弱，而且自私。

不去"。所以,林冲妻子哭诉自己并无过失既占法理,也占情理。

"野猪林"在故事中应该不仅仅是一个地名,小说作者在这一回特意点明"宋时这座林子内,但有些冤仇的,使用些钱与公人,带到这里,不知结果了多少好汉在此处"。因此,"野猪林"具有某种象征意义,与当时的社会黑暗的一面联系在一起。

根据现代相关学者的研究,与"野猪林"类似的真实情况实际上是存在的。例如,《宋史·朱景传》中记载,汝州叶驿道因为被害死的囚徒甚多,而被称为"叶家关"。[①] 由此看来,"野猪林"并非某种孤立的现象。

在押送人犯的途中将其杀害,从理论上讲,相关责任人应当承担法律责任。但是,以当时的刑侦条件和官府的执法力度来看,估计很难取证（这将又是一个没有目击证人的冤案）。至于暗中勾结杀害人犯,无疑也应当是犯罪行为。但是,同样考虑到证据（很难保证高俅一伙在两名公差杀害林冲后嫁祸于人或杀人灭口）难以获得,林冲极有可能被害后也只会是冤沉大海。而且,那位不透露自己真实姓名的人暗中给两位公人各5两金子,当然是极大的利益上的诱惑。[②]

这里,我们还可以讨论一下林冲为何如此逆来顺受、忍气吞声的问题,这也是今天的我们在研读《水浒传》时颇感困惑之处。林冲不如后来大闹飞云浦的武松自不待言,有的学者甚至认为林冲不如懦弱的武大郎,后者还敢于与西门庆这样的恶棍抗争。[③] 我们认为,与单身汉武松不同的是,林冲还在幻想着终有一天能够回到东京与夫人团聚,尽管摆在他眼前的现实是如此的残酷。

此外,我们必须思考的是,以一个武功高强、八十万禁军枪棒教头林冲这样的有一定身份、本领、地位的体制内部的人员居然不能够很好地保护自己和自己的妻子,则这个社会一定是奸邪当道,善良、守法之人已经难以容身了。这一点,恐怕是一个尤其发人深思的问题。

---

① 参见曲家源著:《水浒新论》,中国和平出版社1995年版,第272-273页。
② 有人估算,宋代10两黄金价值约等于今天人民币177500元。信息来源:百度知道,访问日期:2020-09-06。
③ 参见搜狗搜索"不老顽童"的文章《林冲不如武大郎》,访问日期:2020-02-23。

9. 柴进门招天下客　林冲棒打洪教头：
　　北宋末年监狱的黑暗

第九回故事梗概

在董超、薛霸正要杀害林冲之际，一路暗中跟随的鲁智深出手援救并一直护送到沧州附近，确认林冲平安后方才离去。

林冲从一家酒店主人的口中获知柴进大官人乐于招待流配的人犯，与两个公人前去拜访未遇，却在路上碰到打猎归来的柴大官人一行。

柴大官人设宴款待林冲及两个公差。

林冲在柴进的安排下，与傲慢无礼的洪教头比武，将其当众击败。

林冲带着柴进给沧州府尹、管营等人的书信来到沧州衙门，"判送牢城营内来"。两个公差交割手续离去。

在沧州牢城营，差拨、管营先后分别收取林冲银子十两、五两（原本转交管营十两，差拨私下扣去五两）。林冲依照差拨所言，称自己一路感冒风寒未愈，免去一百杀威棒（据说是宋太祖祖制），被分到天王堂服牢役，据说这是牢城营里犯人第一轻省的事情。林冲又出银子二两以上，请差拨去掉项上枷。差拨、管营得了贿赂，乐得轻快，不十分管束他，柴大官人时有馈赠，林冲拿出其中一部分接济狱中其他囚犯。

点评

若非鲁智深相救并一路护送到沧州附近，林冲性命难保。

◎ "水浒""二拍"中的法律

北宋是在"陈桥兵变，黄袍加身"的基础上建立起来的，虽然死了一些人，但是，后周幼帝柴宗训并未被杀，柴家后裔得以保全。据说，宋太祖赵匡胤曾经给柴家铁券丹书（《水浒传》中的"誓书铁券"），赐予其刑事司法方面免于处罚的豁免权。故而，水浒中柴进被称为"柴大官人"。又因为这位柴大官人乐于结交流配犯人以及江湖好汉，所以，名动天下的林冲受到柴进的厚待应该是顺理成章的事情。林冲棒打骄狂无知的洪教头是《水浒传》中颇为精彩的一段，对此，有诸多学者已经做过点评，恕不赘述。① 当然，柴进为什么喜欢结交林冲这样的"配军"或江湖好汉，《水浒传》并未明说。

这里，我们需要重点讨论的是当时的法律问题。

林冲在柴进的允许甚或鼓励下，之所以能够无拘束地与洪教头放手一搏，原因就在于柴进这个时候利用自己的优势地位和十两银子迫使公差许可林冲去掉身上的枷。这里不提林冲的确名副其实，单就去掉随身的枷而言，两位公差其实是冒着极大的风险。譬如说，万一林冲就此逃跑，这两名公差的罪责估计难逃。这种行为如果发生在今天，应当构成私放在押人员罪。

监狱（沧州牢城营）的黑暗在这一回再度呈现出来。柴进对此应当说具有一定的认识，所以，事先准备钱财与书信等。身为监狱管理人员的差拨、管营应该不属于有品级的官员，但是，以他们刮取犯人或其家属钱财的手段来看却不容小觑。林冲一下子给差拨、管营不小的一笔银子②，以换取自己在狱中相对好得多的待遇，这种发生在当时监狱中的权钱交易说明很多问题。我们可以据此说，北宋末年的政治腐败、黑暗甚为普遍。小说之前讲到林冲遭受冤狱，为了避免其在狱中受罪，其丈人张教头上下打点。押解林冲的公差在离开东京前，张教头已经将出银两。林冲应该算得

---

① 例如，2013 年的央视科教频道《百家讲坛》栏目播出的"鲍鹏山新说'水浒'"中有专门关于林冲的评论。

② 如果以一白银 1000 元人民币来计算的话，林冲给付的 18 两银子也不算一个小数目。关于宋朝银两与今天人民币的大致换算，信息来源：搜狗问问，https://wenwen.sogou.com/z/q822121552.htm，访问日期：2020-02-24。

26

上是一位具有一定社会资源的人士,其他不及林冲的人如果落到相同或相似的地步,恐怕只能够叫天天不应,叫地地不灵了。

林冲最后被判在沧州牢城营服刑。这里,有必要说说北宋年间的牢城营。根据河北大学郭东旭教授的研究,牢城是收治重刑罪犯的军营监狱。被配在牢城者,又分本州、五百里外至远恶州军的差别。① 查阅"百度贴吧"相关信息,我们得知,开封与沧州的直线距离为500公里。② 如果是这样,林冲应该是被刺配到所谓"远恶州军"。

这一回还提到所谓太祖祖制,即针对新到囚犯打一百杀威棒的事情。其真实性如何暂且不论,其合理性如何我们也不予讨论,单就这项法外用刑的执行可能带来的后果就值得考究。假设这一规定属实,那么,我们也只能说它是一项恶法,绝非良法。③ 如果仅仅以此为依据,我们可以说,宋代已经建立起了一套堪称严密的法律制度,但它远非良法,宋代也不是我们今天意义上的法治社会。

---

① 参见郭东旭著:《宋朝法制史论》,河北大学出版社2000年版,第210页。
② 信息来源:百度贴吧,访问日期:2020-09-05。
③ 估计不会是成文法的明文规定,而是某种"习惯法"。当然,考虑到古代君主在立法方面的权威性,如果有这一"祖制",其效力也就等同于甚或高于成文法。

10. 林教头风雪山神庙 陆虞候火烧草料场：
林冲的绝地反击

> **第十回故事梗概**

　　一日，林冲在"闲走间"，偶遇先前在东京的一个熟人酒生儿李小二。① 当年李小二偷盗被捉，幸亏林冲帮忙出钱，使得其免于一场官司，并送钱周济，使得他有机会另谋发展。李小二后来到沧州就业、成家，继承岳父产业。夫妻二人招待林冲以表达谢意，知道了林冲的近况，此后双方多有往来。

　　某日，一个军官打扮的人来到李小二的店里，另有一个走卒跟随。军官让小二去请牢城营的差拨、管营商量事情，行动诡秘，小二怀疑此事对林冲不利。

　　林冲确定来人（军官）就是陆谦，连续数日却不见其踪影。第六日，管营差遣林冲到十五里外的大军草料场替换老军。

　　差拨、老军去后，林冲发现草屋破损较严重，出外到一家酒店喝酒，回来发现草屋被雪压塌，只好在不远处的古庙安身。

　　林冲在古庙中喝酒、吃肉，听到草料场方向有动静，原来是失火了，火光冲天。正待出去，突然听到门外有三个人说话，得知其是在陷害自己。林冲出门，将陆谦、富安、差拨尽数杀死，往东而行，与看守米囤的

---

① "酒生儿"，中原官话，意指酒店中的伙计。信息来源：知识贝壳，访问日期：2020-09-06。

庄客发生冲突，醉卧雪地被擒。

点评

这一回在《水浒传》中，也是写得较为生动的一回，至此，林冲血性的一面被激发出来。

之前的林冲可以说是颇为谦让或曰压抑的，一切无非是为了服完刑期，早日回到东京，与妻子家人团圆。

但是，高俅等人并未放过他，陆谦等人火烧草料场，实则就是要置林冲于死地：不是被人为地烧死，就是因为渎职受到严惩。陆谦等人无疑构成故意杀人，罪不可恕。就林冲这一方来说，属于激情杀人。当然，在当时的语境下，林冲连杀三人，如果被审判，估计也是死罪难逃。因此，在这种情况下，林冲已经没有了其他的选择，跑路可以说是他唯一的、正确的选择，不可能选择自首或有机会述说自己的冤屈。所以，我们可以这样认为，林冲最终走上反社会、反法制的道路，并非是其自觉、自愿的选择，而是当时社会中的某种黑恶势力的压迫所致。而且，这种黑恶势力不同于一般意义上的黑恶势力，其具有公权私用的色彩，因而更加值得警惕。

11. 朱贵水亭施号箭　林冲雪夜上梁山：
　　走上不归之路

第十一回故事梗概

林冲被一伙庄客绑缚，送到庄上，却不料庄主正是柴大官人。柴大官人收留林冲，后者在东庄上躲藏。

沧州牢城营管营首告林冲杀人一事，沧州府尹迅速派人缉拿，出赏银三千贯，沧州各地闻风而动。

为了不连累柴进，林冲决定出逃。柴进建议其投奔山东济州的梁山王伦等人，并修书一封，将林冲装扮成一同打猎的，混过官军的关卡。

林冲别过柴进等人，在路上行走十多天，来到一个酒店吃酒，题诗于壁上，巧遇梁山泊秘密接头人朱贵，得以上梁山。

王伦嫉贤妒能，欲遣送林冲下山，其他三位头领求情得免，但需要有"投名状"。一连两天，没有下手机会。第三天遇到一个单身客人，不想对方武艺也是十分高强。

点评

林冲杀人后，估计应该是心理失衡，故而行动上表现出粗鲁、无礼的一面，不再如先前的那般克制，因而给自己带来麻烦。假设抓住林冲的众庄客不是柴进的人，林冲很可能就此被送到官府请赏。须知，三千贯的赏银绝非一个小数目,其诱惑力无疑很大。①

三人被杀,且被害人身份较为特殊,沧州官府不会不采取相应的行动,否则就是严重的失职或渎职了。所以,沧州牢城营的管营立即首告,沧州府尹迅速派人搜捕嫌犯、出三千贯"信赏钱"等。官府的行为应该说符合相关要求,不存在什么问题。

柴进在这一回却无疑存在问题,其窝藏杀人嫌犯,帮助其潜逃,并暗中与梁山盗贼王伦等人来往等,均属于严重的犯罪。如果其上述行为暴露或为官府拿获,其罪不小,估计难以逃脱罪责。当然,因为他属于前朝皇室成员,可能会以"八议"的对象之一处理。但是,谋反在当时属于"十恶"的范围,此种行为并不在"八议"的特殊规定之列。因此,柴进的犯罪行为如果被查实,他也难以逃脱法律的制裁。

至于林冲,草料场连杀三人,虽然出于激情或愤怒,却不会受到当时法律的从轻处理。从杀人的这一时刻开始,他就走上了一条不归之路,与以往的生活彻底决裂或告别。

---

① 如果按照百度贴吧上的说法计算,北宋年间的三千贯至少价值今天的 60 万元人民币。信息来源:百度贴吧,访问日期:2020 - 09 - 05。

12. 梁山泊林冲落草　汴京城杨志卖刀：
　　杨志人生的至暗时刻

第十二回故事梗概

　　为了获得"投名状",林冲只得下山寻找杀人机会。第一日,并无过往行人。第二日,倒是有三百余人结伙而行,林冲当然不敢就此下手。第三日,遇见一个挑担财帛的人,后来知道是青面兽杨志。林冲与青面兽杨志大战三十余合,不分胜负。王伦希望杨志留下,以制衡林冲。杨志讲述自己的基本情况,提及花石纲导致自己丢官(殿司制使官),拿回行李,回东京谋职。林冲因此被留在山寨,坐了第四把交椅。

　　回到东京的杨志央人来枢密院,上下打点,希望官复原职("再要补殿司府制使职役"),钱财使尽,方才得以见到殿帅高太尉。高俅"把从前历事文书都看了",怒斥杨志,将其赶出殿帅府。杨志怨恨高俅,陷于穷困,打算卖掉祖传宝刀(标价三千贯),却遇到东京破落户"毛大虫"牛二搅局。杨志一怒之下杀了牛二。众人随同杨志径到开封府出首(投案自首)。开封府尹差人验尸,勘验现场,审理案件,将杨志押在死牢。

　　因为杨志为当地除了一害,众人皆有意为之开脱死罪。狱卒等人没有索贿,司法官员从轻发落,杨志被判互殴致使对方死亡("一时斗殴杀伤,致伤人命"),迭配北京大名府留守司充军,宝刀没官入库。

　　杨志被押送,天汉州桥几个大户敛钱赍发两个防送公人,多余银两给杨志做盘缠。杨志来到先前居住的客店结算,取走寄存的衣物,随公人去北京。

北京大名府留守司留守梁中书是当朝太师蔡京女婿,知道杨志及其案底,留其在手下做事。

梁中书有意抬举杨志做军中副牌,又恐众人不服,故而安排其与副牌周谨比武。

点评

杨志在这一回成为小说中的主人公。

此人为杨家将之后,做到殿司制使官的位置,应该是当时体制内的人,也无心造反。只是运道差一些,接连碰到倒霉的事情。

按照高俅的话讲,十个制使九个都完成了护送花石纲的任务,就你杨志一人"把花石纲失陷了。又不来首告,倒又在逃","虽经赦宥所犯罪名,难以委用"。也就是说,没有追究杨志的责任算是不错了,还想官复原职,这是不可能的。

花石纲护送不成功,应该是杨志人生的第一次重大失败。这里,我们姑且不谈花石纲是宋徽宗享乐主义的一个明证,单就官员失职来看,杨志确实难以推诿自己的责任。至于书中的反面人物高俅,在这一件事情上,似乎没有什么可以指责的地方。

关于宋代的制使,有学者的解释是宋代殿前司所属下级军官,一般是指皇帝派遣的钦差大臣,负责皇帝交给的监督方面的任务,直接对皇帝负责。至于殿前司,则是宋代禁军的一个机构。[①] 如果以上情况属实,那么,杨志找高俅请求官复原职也就说得过去。但是,如果制使应该行监督之责的话,宋徽宗却让这些官员押送花石纲供自己享乐,显然是不恰当的。

杨志随身携带的金银财帛之类从何而来又从何而去,是一个值得考究的事情。这些金银财帛最终的下落读者倒是明了:用于杨志上下打点,

---

① 信息来源:百度知道,访问日期:2020-02-26。

◎"水浒""二拍"中的法律

"方才得申文书",引去见殿帅高太尉。这一信息告诉读者:杨志用上述来路不明的钱财贿赂殿帅府的人员,意图当然是见到高太尉,希冀恢复原来官职。另一方面说明,在当时,奉行的是金钱开路。

杨志人生的至暗时刻应该是他在穷困潦倒之际不得已出售自家祖传的宝刀,并因此遭遇那位不知死活的泼皮牛二。

这里,我们先讨论一下杨志卖刀行为的合法性问题。故事发生在宋代东京,如果出售宝刀为当时法律许可,则杨志的行为符合法律的相关规定。从故事来看,官府并非因为杨志卖刀本身对其定罪,而是因为其杀掉牛二的行为。所以,反过来看,杨志卖刀应当属于民间正常的买卖行为(尽管牛二认为标价过高)。买卖行为本身通常应该遵循平等、自愿的原则,买卖的标的物的价格买卖双方尽可以商讨,不存在强买强卖的情况。当然,故事中的泼皮牛二显然不是想买刀的买方,而是一个显然无事可做或故意消遣他人的地痞。

当然,即使是面对泼皮牛二的骚扰,换一个人也未必一定会像杨志那样如此的冲动。杨志之所以做出杀人之举,估计是心理失衡或情绪控制不住之下的行为。不管怎么说,杨志杀了人,触犯了法律,应当受到法律的相应制裁。至此,杨志为自己一时的冲动不得不付出一定的代价。

杨志被判的刑罚有畸轻的嫌疑。在整体上来看,牛二确实存在一定过失,但也只是表现在民事方面,亦即其故意骚扰他人的行为无须付出死亡的代价。当然,我们猜测,因为牛二一方无人出头或没有苦主,故而便于官府相关人员操作。杨志获得的是轻判,但也不等于说同情杨志的官员可以不对其定罪量刑。另一方面,官府如此断案也可以说明,当时的司法官员在法律框架之下,存在着一定的能动性,这种能动性或相关尺度的把握并没有超出法律。至少可以说,法律的尊严并没有受到较大的贬损或挑战。

顺便说一下:有学者的研究表明,《水浒传》中提到的"北京大名府"位于今天河北邯郸大名县东南,是北宋的五京之一。大名府(后升为"北京")堪称东京汴梁的北方门户或重镇,军事上的意义重大,可以有效地抵挡契丹的骑兵。所以，北宋十分重视大名府，来此任职的多是名重一时的大臣，如寇准、王钦若、吕夷简、韩琦、欧阳修、宗泽等。[①] 至于《水浒传》中的梁中书是否属于历史上真实的人物，已经难以考证。

杨志是否属于历史上真实的人物，认定也存在一定的困难。[②]

还有一个可以探讨的问题：这一回提到杨志到了东京后，央人到枢密院上下打点，最后才在殿帅府见到殿帅高俅。如果参考国内近年的相关研究，我们就会发现，《水浒传》这一回（第十二回）在这个问题上的说法有一点不妥。因为，枢密院与所谓的"殿帅府"并不是同一个单位。枢密院是宋代总理全国军务的最高机构，小说中所谓的"殿帅府"应该是统领禁军的所谓三衙之一。"三衙"是在宋太祖赵匡胤统治时期分别统率禁军的三个衙门机构，这三个衙门的长官需要直接听命于皇帝。三衙与枢密使掌管的兵权不同：枢密使有发兵之权，而无统兵之重；三衙有统兵之重，而无发兵之权。[③]

[①] 参见"姜狼地图帝"的文章《〈水浒传〉中经常出现的北京大名府在哪里？》，信息来源：搜狐微信搜索，访问日期：2020-02-25。

[②] 搜狗微信上有文章显示，2013年7月在河南济源的一处工地上发现杨志的墓碑，碑文表明杨志曾经做过罪犯，后来立功成为武将，受到皇帝夸奖。靖康年间，金兵围攻太原，因上司王渊指挥不当，战斗失利，王渊因罪责推给之前与自己有隙的杨志，并将其斩杀。后来，杨志被平反，王渊因此被杀。信息来源：搜狗微信，访问日期：2020-02-25。

[③] 参见陈茂同著：《中国历代职官沿革史》，百花文艺出版社2005年版，第313-315页。

13. 急先锋东郭争功　青面兽北京斗武：
　　从阶下囚到提辖

第十三回故事梗概

　　这回书写到梁中书有意抬举身为配军的杨志，但又担心众将官不服，故而让副牌周谨与之比武。结果，无论是马上枪法的较量（为防止伤人，去掉枪尖，粘上石灰，记点数，杨志仅在左肩有一点印记，对手点数甚多）还是射箭（周谨先射，三箭均未射中。杨志第一箭为虚，第二箭只射对方左肩），杨志均胜出。正牌急先锋索超不服，双方大战五十余合不分胜负。梁中书因此当即解除周谨副牌职务，将杨志、索超任命为提辖，对杨志另眼相看。

　　梁中书一日与夫人聊天，提到为给丈人蔡京贺寿，生辰纲去年被劫，今年计划再送。

　　故事场景转到山东郓城县，介绍知县时文彬、马兵都头朱仝、步兵都头雷横。两名都头领知县台旨，引兵分头巡查。

　　雷横在东溪村附近的灵官庙抓获一名形迹可疑的大汉。

点评

　　中国古代文学作品中有一个传统的表达，所谓"花开两枝，各表一朵"。《水浒传》的这一回，采用的也是这个模式。

一、"水浒"中的法律

故事先讲杨志在北京大名府比武，获得大名府留守梁中书的青睐，从一名阶下囚迅速成为一名提辖。这一信息至少告诉我们：梁中书尽管是蔡京的女婿，但是并非一名庸才，有过人的眼光，在用人方面可谓不拘一格。而且，治军手段颇为到位，人员的任免毫不含糊。这也显示出军队的治理在某些方面不同于对于普通民众的治理。如果小说的描述属实，那么，至少我们看到，大名府军队的素质确实非同一般，由梁中书这样一名官员上马管军、下马管民应当说是较为合适的。

当然，在当时的官场中，一个人的发展能力强是一方面，裙带关系也是少不了的。但是，夫人的提醒以及他的自述，均显示"泰山之恩，提携之力"更为重要。所以，价值巨大的生辰纲才足以表达其知遇之恩。至于其生辰纲的来历，自然不会是合法的收入。

梁中书与其夫人的对话还透露出一个信息，那就是，运送生辰纲到东京是一个很大的问题，打劫的盗贼可谓防不胜防。

小说提到山东郓城县绝非偶然，是为智取生辰纲的故事先行铺垫。但是，即使是较为有限的笔墨，我们还是可以窥见郓城县几位官吏的特点或性格特征。知县提及梁山泊，已传递出此地治安令人担忧的信息。等到再跟随步兵都头雷横一行来到东溪村一带的灵官庙，看到那位睡在庙里的可疑大汉的时候，我们不难感受，故事的情节又会产生新的起伏。

另外，这里稍稍讨论一下：《水浒传》中的梁中书（梁世杰）在历史上是否确有其人？他是蔡京的女婿吗？有人认为，《宋史》中并无梁中书这个人，他是不是蔡京的女婿更无从考证。但是，梁中书这一人物很可能是当时东平州人梁子美，其经历与《水浒传》中的梁中书有几分相似之处：梁子美因为出生于官宦世家（其曾祖父、祖父、父亲均为朝廷高官），在哲宗朝由荫庇入仕，曾经在哲宗朝做过中书舍人，徽宗大观元年（1107）官拜尚书右郎迁左郎，加中书侍郎，故而符合"梁中书"这一称谓。他在大观二年（1108）做过大名府知府，在政和六年（1116）至宣和元年（1119）主政大名，宣和二年（1120）因病在大名府卸任，宣和五年（1123）去世。这段时间，与《水浒传》故事发生的时间相当。而且，此人贪而善媚，将搜刮的巨额财富献给皇家，因而官运亨通。只是他仅仅比蔡京小一岁，做蔡京的女婿的这种可能性想来不大。[①]

至于在《水浒传》中激发晁盖等人劫取的"生辰纲"却并非虚构。按照现代历史学家的研究，宋徽宗年间，君臣上下生活奢靡。仅就蔡京来说，每逢生日，都要各地奉献大宗礼物，称之为"生辰纲"。[②] 如果是这样，那就意味着给蔡京"上供""生辰纲"的就不是梁中书一人了，而是其属下众多的溜须拍马的官员。他们之间的这种几乎公开的交易，实则形成索贿与行贿的关系。几乎可以肯定的是，这种生辰纲的来历是搜刮的民脂民膏，而非各地官员自身的俸禄中的一部分。而且，此种贪腐之风盛行，无疑是一个王朝走向没落的预兆。

[①] 参见360百科"梁中书"，访问日期：2020-09-06。
[②] 参见邓广铭、漆侠、朱瑞熙、王曾瑜、陈振著：《宋史》，中国大百科全书出版社2011年版，第62页。

14. 赤发鬼醉卧灵官殿　晁天王认义东溪村："不义之财，取之何碍"

第十四回故事梗概

雷横来见东溪村里正"托塔天王"晁盖，私下见到被绑缚的"赤发鬼"刘唐，后者称自己前来送晁盖一套富贵，晁盖假称对方是自己的外甥王小三，厚待雷横及其士兵而去。刘唐赶去与雷横拼斗，欲夺回晁盖赠送对方的十两银子，教书先生吴用出面劝阻无效，晁盖赶到，双方才停歇。

晁盖、吴用、刘唐三人有意劫取生辰纲（十万金珠宝贝），吴用觉得需要七八个人手方能成事。

点评

刘唐是以醉汉或流浪汉的外表出现在这两回故事中的，形迹的确可疑，但并无真凭实据可以证明其就是罪犯或犯罪嫌疑人。所以，雷横等人限制其人身自由显然没有法律上的依据。当然，故事发生在宋朝，不大可能存在人权保护之类的法律规定。因此，我们看到，故事中身为维护治安职责的都头雷横，在权力的行使方面并无太多的限制。[1]

---

[1] 都头，军职名，始于唐朝中期，诸军统帅之称。宋代各军指挥使下设此官职，属于低级军官。信息来源：搜狗百科，访问日期：2020-02-25。值得注意的是，《水浒传》中的都头一般隶属于知县，譬如朱仝、雷横以及后面出现的武松等人。

◎ "水浒""二拍"中的法律

里正一职始于中国春秋时期，主要负责地方上纳税和掌管户口方面的事务，为一里之长。宋初的里正与户长、乡书手共同督税，再以里正为衙前，称"里正衙前"。[①] 晁盖应该算是比较另类的里正，因为，其年过四十，是当地的富户，却不曾娶妻，"最爱刺枪使棒"，"终日只是打熬筋骨"，而且有一日暴富的想法，与社会上的某些怀有非分想法之徒有来往。

这一回出现的另外一个人物"智多星"吴用，应该是一个不成功的读书人。科举时代落第者或不再醉意科举功名的人，一个选择就是做教书先生，聊以谋生。当然，我们读到的故事中的这位吴用先生却并不甘于就此生活下去，而是与晁盖、刘唐一样，怀揣暴富的想法。

梁中书打算送给其丈人蔡京的生辰纲价值不菲，所谓"十万金珠宝贝"。这笔巨款几乎可以肯定是非法所得，故而晁盖等人认为"不义之财，取之何碍"。

[①] 信息来源：搜狗百科"里正"，访问日期：2020-02-25。

15. 吴学究说三阮撞筹　公孙胜应七星聚义：谋夺生辰纲

第十五回故事梗概

吴用前往石碣村说动当地渔民阮氏三雄一同加入，截取生辰纲。在晁盖的庄上，入云龙公孙胜不请自来，所谓的七星聚义可谓规模已经形成。不料，正在密谋之际，又有人不请自到。

点评

这一回故事主要讲述吴用前去三阮所在的济州石碣村，试探并鼓动三人加入智取生辰纲的行列。

如果从我们现代团伙犯罪的理论或角度来说，吴用在此次行动中起到的是一个煽动、策划的主犯的作用。当然，前已述之，由于梁中书的生辰纲属于非法所得的财物，因而晁盖等人侵害的本身不同于一般意义上的侵害对象。换言之，晁盖等人计划夺取生辰纲的行为在这里具有某种正义的色彩，或者古代中国社会意义上的"黑吃黑"的意味。

从故事后来的发展来看，晁盖等人智取生辰纲之后，并没有或者来不及救济贫困者，因而其行为似乎并不符合"劫富济贫"的特定含义。

16. 杨志押送金银担　吴用智取生辰纲：
　　不无疑虑的智取

第十六回故事梗概

晁盖等人计划在生辰纲必经之路黄泥冈附近设计智取。为了增加胜算，决定拉黄泥冈附近安乐村居住的闲汉"白日鼠"白胜入伙。三阮暂回，待时机成熟再来。

再说大名府的梁中书夫人催问护送生辰纲一事，梁中书踌躇再三，依夫人之意，请杨志负责。杨志与梁中书经过商议，决定选十一个健壮军士脚夫打扮，将货物（十担金珠宝贝，外加梁中书夫人的一担礼物）隐藏好，自己与另外一人扮作行路的客商。担心杨志"不知头路"，另派老谢都管和两个虞候随行，一切行动听从杨志指挥。

路途上的杨志对于充作脚夫的军士非打即骂，与随行的老都管、虞候也不对付，原因是"如今须不比太平时节"。到达黄泥冈，杨志更是紧张，却遇到一伙贩枣的濠州客人。不久，一个挑着酒担的汉子到来。看到贩枣的客人吃了酒无事，杨志等人放心买酒，却不料正中对方计谋。杨志无奈，醒来后逃跑而去。

点评

智取生辰纲是《水浒传》中的一个十分精彩的故事，从晁盖等人的设计到计谋的最终实现，经历了数月之久。其中，智多星吴用所起到的作用无疑是非常突出的。

就这个故事的真实性而言，却不无令人生疑之处。例如，历史上的蔡京有贪婪之名不假，但是，其是否真的如此大张旗鼓地收受数额惊人的生辰纲（这个问题，我们在前面提到确有其事）？之前的一次生辰纲已经在运送的过程中被人劫走，尚未破案，现在又差杨志等人再度冒险，难道就不会吸取一点点的教训吗？杨志也算是一个老江湖了，居然看不出对方如此拙劣的伎俩？天气炎热，为何不准备饮料或茶水，却去冒险喝不明身份的汉子的酒？如果酒里有毒，杨志等人岂不是做了异乡之鬼？类似的疑问还有很多，在此不必赘述。总之，故事本身的可信度似乎不太高，有些属于史实，如蔡京公然借生日为由索取属下供奉的"生辰纲"，有些情况却有难以令人信服之处，如身为老江湖的杨志居然看不透对手的伎俩，似乎在拿着自己和手下的性命冒险。

当然，也有学者认为，根据《水浒传》的母本《大宋宣和遗事》的记载，生辰纲被劫确有其事，只是押送者不是杨志，而是某个马县尉。此人比起素来精细的杨志差得多了。杨志卖刀杀人确有其事，但是，被杀之人并非泼皮牛二，而是不知姓名之人。后来，同为运送花石纲的制使孙立杀了防送公人，与杨志一道落草为寇。[1]

关于《水浒传》中智取生辰纲故事的真伪，我们暂且不予讨论。这里，笔者想谈谈杨志在这一回故事中与他的恩主梁中书对话时，对于生辰纲护送途中某些特定地段及其不安全因素的描述。从杨志的话语中我们知道，生辰纲必经之路上竟然有紫金山、二龙山、桃花山、伞盖山、黄泥冈、野云渡、赤松林等地，"都是强人出没的去处"。如果杨志所言不虚，足以证明他后来对那位老都管所说的"如今须不比太平时节"那句话是有根有据的。也就是说，北宋末年，相当之多的地方治安状况令人担忧。

---

[1] 参见"康虎好看点"的文章《到底是谁劫了蔡京的生辰纲?》，信息来源：简书，访问日期：2020-02-25。

另外，一个值得讨论的问题就是：既然作为硬币形式的金银或实物形式的宝贝等不便于运送，那么，为什么梁中书等人没有想到使用北宋早期就已经出现并发行的纸币"交子"呢？十分有意思的是，正是蔡京之流滥发纸币，使得当时的经济陷入通货膨胀。①

---

① 参见《北宋被纸币活活砸死》，信息来源：搜狗微信百科，访问日期：2020-02-25。

17. 花和尚单打二龙山　青面兽双夺宝珠寺：刺配刑的另一种作用

第十七回故事梗概

杨志醒来，欲待自杀，但旋即撇下众人离开。老都管等人决定将生辰纲丢失一事甩锅给杨志，并立即在案发当地首告，留下两个虞候随衙听候，其他人回北京禀报，同时通过蔡京令济州府追获强人。

杨志因无钱吃霸王餐，与"操刀鬼"曹正（自称林冲徒弟）等人发生武力冲突，后因此结识。

曹正建议杨志去二龙山，途中遇到一个和尚，二人大战四十余合，后知道对方是鲁智深。原来，鲁智深因为解救林冲，被高俅一伙迫害，不得已离开东京大相国寺。后来在孟州十字坡遭遇开黑店的张青夫妇，险些被害。

二龙山头目邓龙不愿收留鲁智深，后者依照曹正计谋，将鲁智深"绑缚"上山，杀掉邓龙，鲁智深、杨志做了山寨之主。

老都管等人回到北京大名府，将生辰纲丢失的责任推给杨志，梁中书盛怒，当即叫人写下"文书"，差人星夜投给济州府，同时以家书报给蔡京。蔡京派人携带一纸公文连夜来济州府"着落府尹，立等捉拿这伙强人，便要回报"，否则以十日为限发配沙门岛。府尹将缉捕任务交给三都侦捕使臣何涛，限其十日内缉拿杨志等八人，并在其脸上刻字"迭配……州"。

何涛领了台旨，与众做公的商议，众人无计可施。何涛回家，其弟何

◎ "水浒""二拍"中的法律

清知道后,说出贼人踪迹。

点评

杨志丢了生辰纲,实际上意味着其得来的重回官场的机会再次丧失,光宗耀祖的梦想再度失落。因为还没有完全放弃最后一丝可能性,故而杨志没有选择自杀,而是暂避二龙山,沦为逃犯。

与他同样处于逃犯命运的鲁智深倒是没有什么大志,二人暂时纠集在一起,落草二龙山,就此彻底沦为与官府作对的强人。

老都管等人刚好将责任推给杨志。生辰纲被劫对于蔡京等人的震动可想而知,十分诡异的是,蔡京等人居然可以调动相应的官府(当时自成体系的国家机器)为之服务。这只能说明,此时的官场已经失去了基本的规则,贪贿成风,且毫无顾忌。

而且,蔡京等人是借用当时能够使用的问责制来推行自己的意志的,这种自上而下的问责或追责制颇为明晰地呈现出来:以十日为限,济宁府尹如果捉获强人不成,不仅仅是要丢掉头上乌纱帽,而且要被发配沙门岛。[①] 济宁府尹则将此责任下移给三都缉捕使臣[②]何涛,后者意外地从他那位不成器的弟弟何清那里获得劫取生辰纲的强人的线索。

在这一回,我们看到宋代刺配刑既可以作为某种意义上的达摩克利斯之剑高悬于负有特定职责的官员头上,又可以提前部分地使用,使其无可懈怠或推诿。正是在这种非同寻常的压力之下,何涛之流才被激发出极大的潜能。这种颇为特殊的做法,据说可见于北宋年间魏泰的《东轩笔录》卷十中的一段记载。[③]

宋代沙门岛应该是一个令人闻之色变的流放、囚禁之地,据说在岛上

[①] 沙门岛,位于今天庙岛群岛(在山东省烟台一带),古时流放、囚禁犯人之地,《水浒传》中不时会出现此地名。信息来源:搜狗百科,访问日期:2020-02-26。

[②] 使臣,宋代府属专门负责缉捕的官员。信息来源:搜狗百科,访问日期:2020-02-26。

[③] 参见曲家源著:《水浒新论》,中国和平出版社1995年版,第271-272页。

的囚徒人数超过粮食供应量的情况下（只提供三百人的口粮），看守会将其中的人犯投到海中。迭配沙门岛几乎等于被判处死刑，生还概率甚小。①

自隋朝《开皇律》开始将笞杖徒流死作为常刑以来，至少在宋代，上述所谓的封建制五刑基本稳定下来。当然，宋代有自己的创新，其中刺配就是羞辱刑与流放刑的一种结合。就《水浒传》而言，遭受刺配的就有林冲和宋江、武松等人，这种耻辱刑应该是某种意义上的历史的倒退。

回到我们的这篇故事，此时的缉捕使臣何涛无疑是一名官员，预先在其脸上刺字显然是不妥当的或不合法的。济宁府尹如此行事，只能说其以上压下，暂缓压力，并将压力转移给自己的下属。

---

① 参见曲家源著：《水浒新论》，中国和平出版社1995年版，第272页。

18. 美髯公智稳插翅虎　宋公明私放晁天王：
义气与法度

>　第十八回故事梗概

　　何涛从其弟何清口里获知参与劫取生辰纲的白胜等人线索，官府即刻派人捉拿白胜夫妇，搜得部分赃物，并通过刑讯获得晁盖等人参与劫取活动的口供。

　　济宁府尹当即令何涛带领二十个"眼明手快的公人"（包括原解生辰纲的两个虞候）去郓城县捉拿晁盖及其他不知姓名的六人归案。何涛只带一两个跟随，到郓城县衙，其他人藏在客店。恰好遇到当值押司宋江，后者得知晁盖参与作案，骑马跑到东溪村密告晁盖。吴用建议先去石碣村会合三阮，再由此进入梁山泊。

　　何涛在宋江引导下见过知县时文彬，后者随即吩咐县尉等人协助缉捕罪犯。宋江建议晚间出发，不会惊动罪犯。朱仝、雷横有意放走晁盖等人，只捉得几个邻居交差。邻居认为晁盖庄客知道实情，知县命令捉获两个，审问得知晁盖一伙基本信息。

　　何涛押着以上两个庄客到济州府，刑讯之下，白胜只得招供。至此，晁盖等七人相关信息核实清楚，府尹派何涛去石碣村捉拿逃犯。

>　点评

　　这一回应该是《水浒传》中颇为紧凑、精彩的一段故事。

一、"水浒"中的法律

首先,关于劫取生辰纲的嫌疑人的线索,不是出自何涛及其手下一班"做公的",而是出自何涛的那位好赌的兄弟何清。这位何清虽然不务正业,游手好闲,却善于察言观色,捕捉相关信息。例如,从犯罪嫌疑人的某些只言片语或外在的行为得出自己的判断。七个贩枣的客人自称是濠州的,但是,何清却认识其中为首的就是郓城县东溪村的里正晁盖,显见有人说了假话;白胜挑着一副桶诡称给某个财主送醋,后来江湖传言黄泥冈上有人被蒙汗药麻翻。前后一对照,何清从逻辑上得出这伙人与案件的联系。

当然,何清看似偶然地发现案件的一些蛛丝马迹,其实与案发前官府对于客店的要求入店登记的制度有关,这种制度要求既简单又清晰。按照临时在王家客店帮忙的何清的说法,客店需要询问并登记入店客人的姓名、哪里来、哪里去、做什么买卖等信息。我们当然不好得出结论说北宋时期就已经建立起了较为严密的住店登记制度,但是,仅从小说反映的这一情况来看,这种登记制度却是富有启示意义的。

对白胜的抓捕可谓顺利,对其的审讯只能够说大致算是成功。当然,此类罪犯一般不会老实交代,也可能所知不多。这里的白胜应该属于前者,且看其招供的只是晁盖一人,而且是在官府已经掌握的信息的基础上的不得不招认,其他六人他未必不知道,却作了隐瞒。所以,白胜的部分招认或招供给罪犯的审理提供了一个典型的事例。

接下来就是如何尽快地捉拿这伙胆大妄为的强人了。按说,济州府尹安排何涛等人秘密进入郓城县缉拿晁盖等人也不是问题,堪称及时。但是进入郓城县后,这位水平低下的何涛的愚蠢和无能就开始显现出来了。其关键的失误就在于不直接找知县秘密商谈,而是将重要的信息泄露给与晁盖有私交的押司宋江。这位混迹官场的小吏罔顾法律,直接借机通风报信。所以,小说中的那首诗"保正缘何养贼曹,押司重贼罪难逃。须知守法清名重,莫谓通情义气高。爵故畏鹮能害爵,猫如伴鼠岂成猫。空持刀笔称文吏,羞说当年汉相萧"讽刺的正是这位刀笔小吏的重义轻法。

当然,重义轻法或为犯罪嫌疑人通风报信甚至故意放走犯罪嫌疑人的不止宋江一人，还有郓城县的两名都头朱仝、雷横等人。有意思的是，朱仝还遇到了奔逃中的晁盖，此时如果捉拿，晁盖可以说插翅难逃。但是，事情的发展完全出乎正常的逻辑：身为马兵都头的朱仝不仅不去捉罪犯，而且还不失时机地向对方表白自己重义以及对雷横死心眼的担心，并且还不忘告诉对方去水泊梁山暂避。所以，小说中的"捕盗如何与盗通，官赃应与盗赃同。莫疑官府能为盗，自有皇天不可容"这首诗其实是对官匪勾结的嘲讽。

刀笔小吏玩弄法律或欺蒙上司的伎俩还不止一次。这里，小说中提到宋江建议何涛等人趁天黑抓捕晁盖等人，在我们看来，这实则为晁盖等人逃跑争取到了更多的时间。遗憾的是，知县与何涛竟然没有异议。须知从东溪村到三阮所在的石碣村有一段较长的路程，晁盖一行不仅人数较多，而且随身携带数量不少的赃物和其他物品，行走速度不算快。嫌疑人一伙的优势在于其对于附近以及通往石碣村的环境较为熟悉，趁着夜色的掩护更为便利。但是，如果不是朱仝故意放水，至少晁盖等人是难以脱逃的。

在出逃的计划及其实施上，晁盖先让吴用、刘唐等人随同多名庄客携赃物等先行，自己与公孙胜等人后走，也是颇有讲究的：赃物已经转移，剩下的人可以轻装快行。

所以，在这一回，首先需要追责的是那位愚蠢、低能的何涛何观察，其过错在于泄露自己此行的目的，没有及时与知县时文彬很好地取得联系（而是让宋江乘机跑去给晁盖报信），事先也没有一个清晰的捕盗方案和预案，与知县一同落入宋江的圈套中以及贻误最佳的抓捕时机。何涛做的唯一正确的事情可能就是来到郓城县后将随行的二十余人藏身在客店。

如果到达郓城县之前，何涛有一套较为周密的计划和预案，直接与知县联系并做好准备（包括利用自己带来的二十余名精干的做公的以及两名在黄泥冈与劫取生辰纲的嫌犯打过照面的虞候、与县尉一起挑选人马，平时与晁盖等人关系不错的朱仝、雷横应当排除在外），及早在交通要道设伏，堵住罪犯可能出逃的路线，再尽快缩小包围圈，对于首恶分子坚决予以打击，则抓捕成功的可能性无形中会大大增加。

当然，如果其足够聪明，也可以请求济州府尹调动更多的人马跟随自己一同或随后秘密行动，之后再通过府尹的手令要求郓城县知县等人协助。只要抓住晁盖，追回主要的赃物，这个案子应该说基本上宣告侦破，也不至于后来再去石碣村送命。

一言以蔽之，这位身为缉捕使臣的何涛何观察真是太业余了，在某些方面还不如他那位游手好闲的兄弟何清。

关于刑讯在古代社会审讯过程中的使用是一个为今天的我们一再提及的问题。我们可以理解，在当时的语境下，限于刑侦手段的不发达抑或犯罪嫌疑人的狡猾等原因，刑讯在很多时候是一种不得已而为之的选择。有的时候，刑讯可能造成冤假错案，从而冤枉好人。但是，为了案件侦破迅速、准确或尽可能全面，这种手段或许更为奏效。如果与相关的扎实的证据结合在一起，刑讯或许能够获得较好的效果。譬如，这位白日鼠白胜在后来抵赖不住，只得招认，供出晁盖之外的六人及其藏身之地。

19. 林冲水寨大并火　晁盖梁山小夺泊：
非正常的江湖社会

第十九回故事梗概

何涛与众做公的商议，畏惧晁盖一伙靠近梁山泊，有可能与梁山泊的强人结为一体，难以捕捉，请求大队官军支援。济州府尹同意，派一名捕盗巡检率领五百余名官军，连同何涛的手下，一起进军石碣村。

官军赶到，晁盖等人早有准备，主要依靠三阮在水面上与驾船的对手展开搏斗。入云龙也运用法术参战，官军悉数被歼灭，剩下何涛一人被割去双耳，留下来给济州府尹报信。

朱贵迎接晁盖一行人上梁山，王伦等人摆设筵席接风，晁盖以为有安身之处，吴用却通过观察认定事情会有变化。

次日，王伦一如对待当日投奔山寨的林冲那样，礼请晁盖等人下山，却不料遭到林冲激烈反对。双方发生冲突，晁盖一伙假意劝阻，实则不让杜迁、宋万、朱贵等人帮助王伦，林冲就此杀了王伦。

点评

王伦其人，在《水浒传》里被人解读为"嫉贤妒能""心胸狭隘"的典型。据说，在历史上还真的有王伦这么个人。他是一位士兵出身者，在北宋仁宗庆历三年（1043）率领百余人起义，杀了巡检使朱进，后转战山东、江苏等地,并立有年号,置官职等,不久兵败被杀。①

《水浒传》中的王伦当然不等同于历史上的王伦,这位梁山泊第一任首领的悲剧在于:一个不合适的人处在领袖的地位,且缺乏格局、心胸与眼光这些真正的领袖必须具备的素质,因而难以避免落入悲惨的境地。

江湖不同于秩序井然的正常的人类社会。在正常的人类社会,约束人们思想与行为的有社会舆论、宗教、道德、法律等。任何试图触碰上述制约社会的主要因素的行为,均会遭受舆论和法律等的强力反弹或惩罚。但是,在所谓的江湖,领导者的更迭或替换不可能如同我们今天可以通过选举等方式进行,它是由个人的魅力、能力或实力等说话的。更何况,面对吴用这样的野心家,没有足够的智慧或心机是不可能很好地保全自己的。隋末农民起义军瓦岗军的两派火并已是前车之鉴,《水浒传》中的梁山泊王伦被火并可谓是悲剧的再现。

当然,正因为是一个纷乱的江湖世界,所以,杀人者不必也不会受到正常人类社会的法律制裁。在这种江湖中,唯有强权、武力、计谋等居于统治地位。

这种江湖自然不会是一种理想的社会形态,而是一种畸形的或病态的社会形态。②

至于林冲,因为长期处于压抑状态,心理失衡严重,心中块垒至此得到宣泄。与其说林冲被人利用杀了王伦,还不如说他利用梁山领导层格局悄然的变化,一举除掉其心头之恨王伦,扬眉吐气了一回。

---

① 信息来源:搜狗百科"王伦",访问日期:2020-02-26。另参见邓广铭、漆侠、朱瑞熙、王曾瑜、陈振著:《宋史》,中国大百科全书出版社2011年版,第32页。
② 关于宋代的"江湖社会",中国社会科学院的胡小伟先生有一篇值得认真阅读的专业论文《试论宋代的"江湖社会"》,载张其凡、范立舟主编:《宋代历史文化研究》(续编),人民出版社2003年版,第238-266页。当然,本书所谓的"江湖"或"江湖社会"或"江湖世界",更多的是意指《水浒传》中描述的那种游离于正常的官府、法制治理之外的社会。这种所谓的"江湖"在空间上其实已经不受官府有效管辖,而是与官府形成颇为对立的关系,较为典型的就是《水浒传》中王伦、晁盖、宋江等人统领下的水泊梁山。

20. 梁山泊义士尊晁盖　郓城县月夜走刘唐：
希望保持适度距离的宋江

第二十回故事梗概

　　林冲杀了王伦，力主晁盖为山寨之首，吴用、公孙胜排在二、三，众人反过来推林冲务必坐第四把交椅，其余人等均有安排。至此，梁山泊大小头领十一名座次排定。林冲一番慷慨言辞，证明其出于对山寨生死存亡或未来的考虑，并非出自私心。

　　山寨就此恢复平静，基本如常。

　　晁盖派人打听林冲家人，获知林冲娘子被逼迫自缢身亡，岳丈随后抑郁而终，使女锦儿嫁人，林冲因此遂绝思念。

　　济州府尹调遣团练使黄安带领千余官兵前来攻打，梁山泊依照吴用的部署，水路夹攻，活捉黄安，击败官兵。

　　朱贵报信，有客商经过，晁盖命人只拿财物，不害人性命。

　　截获的金银宝贝等物先留一部分作为山寨今后的开支，其余财物十一个头领分得一部分，山上山下众人均分一份，俘虏脸上刺字，安排其养马、砍柴、割草。黄安被关在后寨监房。

　　梁山泊打算重金酬谢宋江，搭救白胜。

　　济州府尹损兵折将，被新官替换，自去东京听罪。新官由蔡京委派，不禁发愁。但还是依照职权调兵遣将，谋划新的剿灭梁山泊的行动。

　　新任府尹文书发到郓城县，知县令宋江叠成文案，行下各乡村，一体守备。

对于晁盖等人自劫取生辰纲以来与官府作对的种种行径，宋江是否定的，认为晁盖等人犯了弥天大罪或"灭九族的勾当"，"情非得已，于法度上却饶不得"。

刘唐受晁盖等人指派，来到郓城县，重金一百两重谢宋江，后者借故只收其中一小部分（金子一条）。

点评

梁山泊换了主人，带来一些新的变化。譬如，有家眷的头领在此安家；实行平均分配的基本原则，同时又与有区分的分配相结合（十一个头领当然多于一般的喽啰）；劫取过往客商的财物，但不杀人。对于俘虏（被打败的官军）并不杀掉，而是脸上刺字，安排在山寨做一些养马、砍柴之类的体力活。虽然有依循宋代羞辱刑的意味，但至少可以因此保全这些俘虏的性命。上述举措，优于王伦时代。

这里，我们不想彻底否定晁盖作为梁山第二任首领的新举措的人性化或仁慈的一面。但是，既然是一个并非常态的社会或小型的社会，梁山泊与同它对立的官府及社会之间即形成一种十分尖锐、对立的关系，不可能长期共存下去，也不可能和平共处，被剿灭、分化、接受招安或赢得局部、暂时的甚至全面的胜利，将会是山寨最终的走向。

林冲的家庭因为高俅等人的逼迫，导致其妻子被迫自杀，岳父随之含恨去世，使女嫁人，终于破灭。一个原本具有正当职业、受人尊敬的八十万禁军教头林冲不复存在，代之以一个满怀怨恨的复仇者林冲。这是有秩序的正常的社会背景下的一种极不正常的情况，意味着这种有政府、有法律、有公理的社会不能够很好地护佑自己的成员，将其生生地从这个普通人赖以生存的社会中无情地消灭或驱逐，逼迫其成为这个社会的牺牲品或

◎ "水浒""二拍"中的法律

反社会的一员,这无疑是社会治理过程中的败笔。①

　　古代官员是否应该为自己的过失承担相应的责任,《水浒传》给我们提供了部分答案或事例。例如,济州府尹因为办事不力官位不保,需要去东京听罪。新来的府尹尽管有太师蔡京举荐,但是应该清楚前任离职的原因以及自己面临的压力。古代成熟的官僚体系对于社会治理还是具有一定的能力的,通常情况下,它可以有效、及时地调动自己能够动员的力量。例如,新任济州府尹到任后,与自己的前任交割完毕,即依照职权做好准备,以"收捕梁山泊好汉"。这种动员或影响其实扩及府县乡村各级,通过在郓城县衙工作的押司宋江,我们可以感受到这种上传下达的效果。

　　宋江尽管是一名科举社会的失败者,最终成为通过正常途径很难在官场有所作为的刀笔小吏,对于晁盖等人的"如此大弄",他还是持较为复杂甚或矛盾的态度的。我们可以推测,宋江当初冒险去通风报信更多的是出于江湖义气,而非对于当时主流社会及其法律("法度")或体制的反对。所以,我们可以理解,为什么对于刘唐代表晁盖等人送上门的巨额财产,宋江只愿意象征性地收取其中的一小部分。原因很可能是宋江不愿意与已经沦为梁山泊强人的晁盖等人同流合污,还不想因此而脱离自己基本满意的这种体制。也就是说,此时的宋江还是希望与晁盖等人保持适当的距离。此外当然还有当时法律上的巨大压力。小说中的宋江很清楚,晁盖等人的行为是一种"灭九族的勾当"。这种法律上的巨大的压力,无疑是宋江想要与晁盖等人保持距离的主要原因。

---

　　① 林冲被逼上梁山时间比较早,作为山寨第一任首领的王伦对于林冲的到来并未采取欢迎的态度,而是一味提防和排挤。后来王伦想利用杨志制衡林冲的设想因为杨志执意回东京希求官复原职而落空,不得已让林冲坐了第四把交椅,但却从来没有关心过林冲的家眷。晁盖出任梁山第二任头领,却想到了这一问题并尽快遣人下山了解情况,故我们就此而言,晁盖比起王伦,应该是好得多的江湖社会中的领导。

21. 虔婆醉打唐牛儿　宋江怒杀阎婆惜：
陷入窘境的宋押司

第二十一回故事梗概

宋江送别刘唐，路上遇到做媒的王婆，陈述来山东寻亲不遇的阎公害时疫去世无钱安葬，宋江帮忙出钱。阎婆与女儿生活无着，自愿将女儿阎婆惜给宋江做小，自此，母女二人衣食无忧。过了一段时间，宋江与阎婆惜不再如胶似漆，对方不满意，与宋江同事押司张文远暗通情愫，与宋江没有了感情。

闲汉唐牛儿输了钱找宋江，欲将宋江从阎婆惜处拉走，被阎婆打骂而去。宋江早起，遗忘招文袋，急忙赶回，阎婆惜拒不送还晁盖给宋江的书信，阎婆惜说出三件事，宋江答应前面两条（原典文书还给阎婆惜、任从阎婆惜改嫁；赠与阎婆惜的衣物等不得索回），第三条一时难以答应（要宋江将晁盖送给他的百金给她，宋江同意日后设法从家中拿来给，阎婆惜不答应）。二人由此争执，宋江惊怒之中杀人灭口，毁灭证据（晁盖的书信）。

宋江欲稳住阎婆，后者假意应承，等到人多，大喊宋江杀人了，做公的不信。唐牛儿搅局，被押往县衙，宋江逃走。

点评

古代社会中的官吏有别，不在同一个层级。宋代的押司其实就是衙门中的一个书吏，算是官员的助手，有一定的报酬（通常不会高）。拿今天的话来讲，就是一种没有编制的人员，其任用不会稳定。当然，这种小吏对于官僚体制而言却是不可缺少的存在。

宋代是一个时兴科举取士的社会，所谓"朝为田舍郎，暮登天子堂"的传奇一再上演[①]，通过科举进入仕途的人才给时人的示范效应也是比较明显的。当然，千军万马过独木桥，成功者毕竟屈指可数，绝大部分人注定是没有希望的。在当时这种视科举为正途的社会环境中，也有为数不多的人通过其他的途径进入官场。例如，前述梁子美亦即《水浒传》中的"梁中书"（梁世杰）其人，依靠的是曾祖父、祖父、父亲身为朝廷高官的荫庇。这种荫庇或曰"荫补"制度在汉、唐就有，宋代继续沿用，尽管时有对此制度冗滥的批评意见，北宋庆历年间之后对此也有所限制，但终至南宋，这一制度仍然未曾灭绝。[②]

年过三十的黑三郎宋江估计在科举这条路上很难胜出，他们家也不会有梁中书般人物显赫的官宦世家背景，故而不得已做了县衙的小吏。但是，我们绝不能够因此就说宋江缺乏成就感。仅从小说的描写来看，宋江这个押司做得可谓得心应手，在江湖上也有几分名声。也就是说，身为刀笔小吏的宋江对于自身的现状基本满意。从其他人的角度来看，押司身份也给宋江带来一定的荣誉、尊严以及一般人难以企及的满足感和某些实惠。此外，宋江家庭的富有不仅使得宋江"不缺钱"，而且可以使得他在官场上周旋自如。以上种种有利的条件均可以成为宋江不会轻言放弃既有的生活轨道的积极因素。

宋江本来完全可以依循自己熟悉的节奏逍遥自在地在郓城县这个他感到颇为舒适的小社会里生活下去，就此度过一生。换言之，对于晁盖等人的生活，他有一点点的嫉妒或羡慕，但却不会有恨，更不会以自己熟悉的

[①] "朝为田舍郎，暮登天子堂"出自北宋诗人汪洙的《神童诗》，影响较大。信息来源：无忧考网，访问日期：2020-02-27。关于这方面更为详细的信息，参见梁庚尧著：《宋代科举社会》，东方出版社2017年版。

[②] 参见梁庚尧著：《宋代科举社会》，东方出版社2017年版，第133-134页。

生活轨道为代价去与晁盖等人交换。在这一回,宋江忽然在一时之间脱离了自己的生活常轨,并非出自本意,而是出于被迫或意外。也就是说,与业已成为梁山泊头领的晁盖等人的非主动性交往,使其陷于法律追究的对象的窘迫境地,而这一局面的形成却是与其并非明智的、自愿的私生活交织在一起的,亦即宋江非主动性地纳妾。

古代中国社会对于婚姻家庭制度是颇为讲究的。我们知道,就当时的婚姻而言,主流社会的观念及实践是"父母之命,媒妁之言"。小说中的宋江应该失去了母亲,但是,他的老父亲还健在,生活在乡下,并没有失去一家之主的地位。因此,宋江的婚娶应该获得老父亲的许可。当然,宋江是没有娶妻的。将生活无着的阎婆惜纳为外室原非宋江本意,而是处于困顿的外来人口阎婆母女出于生存的现实考虑而积极操作所致。估计这种情况在当时也绝非个别,而是具有一定的普遍性。我们不妨回头看一看,《水浒传》第三回中的金翠莲同她的父母与阎婆惜一家几乎有着完全相同的遭遇。[①] 这也能够说明,宋代不是一个福利社会,普通人在遭遇天灾人祸之后,难以获得社会充分的救济或一定的福利保障。

宋江与年轻的阎婆惜的这种非主流的婚姻模式(一般来说,在中国古代社会,男子在正妻之外纳妾只是出于某种考虑的结果,是对主流的一夫一妻制度的补充)其实很难获得法律的保护,其临时性、功利性的成分太多,因而其基础是脆弱的,双方当事人均有可能随时解除这种更像契约的婚姻。这一点,至少就宋江这一方来说,这种可能性是存在的。例如,小说中写道:当宋江多少听到一点阎婆惜与张文远的小道消息后,将信将疑,只肚里寻思道:"又不是我父母匹配的妻室。他若无心恋我,我没由来惹气做甚么?我只不上门便了。"在下一回,当知县慌忙升堂审理宋江杀人案、问到阎婆时,后者的问答均可说明这一点("典与宋押司做外宅……")。

---

① 有所不同的是,同样都是东京人士,同样也是来到他乡投靠亲友,《水浒传》第三回中的金翠莲失去了母亲(染病身亡),落入郑屠"镇关西"之手,由好打不平的鲁达出手相救幸而逃脱;第二十回中的阎婆惜失去了父亲(同样也是染病身亡),阎婆将年轻、美貌的女儿阎婆惜典与押司宋江做外室,也是母女二人求生存的一种无奈之举。

宋江的优柔寡断、阎婆的失算是事情不可挽回的主要推手。

先讲宋江的优柔寡断。他与年轻的阎婆惜其实并无感情基础，情趣各异，接触十分有限。在听到一些风言风语之后，宋江正确的选择应当是及早结束这种尴尬的同居关系。但是，我们看到的却是宋江采取冷战，自然是于事无补甚或使双方关系进一步恶化。

阎婆的失算在于：她要挽回年轻、任性的女儿与有钱的押司宋江的关系。那位更解风情的宋江的同僚张文远之所以没有进入阎婆选婿的候选人行列，只能说此人没钱，不是理想的饭碗或可以依靠之人。

最终，将事情推到不可收拾地步的却是阎婆惜。所谓"宋江'怒杀'阎婆惜"当然有怒的成分，但是，威胁着要将宋江与梁山泊强人勾结的事情抖落出来却是其处于危境尚不自知的主要原因。这个时候，宋江惊恐的成分自然要大于怒的成分，于是，在主要来自阎婆惜的外界刺激下，宋江为灭口而杀人。

宋江能够从做公的面前逃跑，主要原因是没有人相信此人会杀人，不知情的唐牛儿出面干扰阎婆肯定不构成犯罪。

22. 阎婆大闹郓城县　朱仝义释宋公明：
　　　喧嚣之后的沉寂

第二十二回故事梗概

阎婆县衙叫屈，知县不相信宋江会杀人，审理案件。张文远替阎婆取口供、写状纸，仵作及死者邻居等人来到凶杀现场验尸，尸体寄放在寺院。

知县有意开脱，令人刑讯唐牛儿，押在大牢。

知县情知推诿不过，只得差人捉拿宋江。

宋江父亲宋太公称宋江忤逆，数年前已经将其出籍。宋太公在家设宴款待公人，展示相关书面证明（执凭公文）。

阎婆、张文远不信，知县无奈，只得命令朱仝、雷横带兵去宋家庄。朱仝在宋家佛堂地窖找到宋江，只推说不在。宋太公再次款待朱仝等人，打发银两。

朱仝等人回复知县，称宋江已经逃跑，同时凑些钱物给阎婆，劝她不要去州里告状。张文远因为以前受过宋江的恩惠，也不再坚持。知县出一千贯赏钱，发了一个海捕文书；判决唐牛儿"故纵凶身在逃"，脊杖二十，刺配五百里外。宋江杀人一事，暂时不再提起。

小说讲到宋江家里的地窖为宋代为吏的艰难，预先准备条件。

宋江告别父亲，与兄弟宋清外出逃亡。

宋清提议投奔沧州的柴大官人，后者盛情接待、藏匿宋江。宋江酒后撞到一人,却是前些时候投靠柴进的武松。

点评

古代中国,行政兼理司法应该是一种常态。《水浒传》中,郓城县知县的表现正是这一特色的生动反映。

当然,古代中国也是一个所谓的熟人社会、人情社会、身份社会、金钱社会。例如,围绕宋江杀死阎婆惜一案,相关人员即有充分的表现。

就郓城县的知县来说,宋江是自己手下依靠的一个应该算是得力的助手,与自己关系非同一般,所以故意为其开脱。后来做的一千贯赏银以及"海捕文书"等,更多的是一个做做样子的官样文章。

马兵都头朱仝也是一个与宋江交情深厚的人(这位之前即私下里放跑了晁盖),明知宋江藏身之处也不将其捉拿归案,而是与其讨论去哪里逃亡。其他的人诸如雷横、众多做公的人莫不如此。

至于那位纯属冤枉的唐牛儿却为自己的鲁莽、无知付出了极大的代价,一个重要的原因就是其在当时社会中身份、地位卑微。

被害人阎婆惜也是如此。其被杀固然看似由于过度贪婪,其在当时社会中低贱的身份也是其不受尊重的重要原因。这一点,可以从后来宋江的某些朋友谈到被杀的阎婆惜时,不无轻蔑地称其为"烟花"的口吻中看出来。

当然,身为县衙押司的小吏宋江在当时的社会也未必高贵,这一点从《水浒传》的作者在这一回专门谈到"故宋"时期"为官容易,做吏最难"可见。如果是这样,我们也就可以理解宋江作为"我太难了"的小吏中的一员,事先假装与家庭发生掰扯或因忤逆被"出籍",表面上与父母不相往来,私下里却"做家私在屋里"。这一切,只不过是对于自己和自己家庭的某种保护而已。

之所以说古代中国是一个金钱社会,是因为这一点在《水浒传》很多的描述中我们已经见识得太多。例如,宋太公前后两次出钱款待和打发做公的以及朱仝等人。

仅就阎婆母女而言，如果阎婆在县衙大堂上所说的将自己女儿阎婆惜"典与宋押司为外室"属实，那么，这桩并非正式的婚姻无疑就是一桩买卖婚姻了。也就是说，阎婆只是将女儿视为自己后半生的衣食来源。这种当初美好而又充满功利性的打算落空后，追究杀人犯宋江的责任似乎成为阎婆的主要追求。但是，遭遇到众多帮助宋江的关系网的无形抵触之后，特别是在拿到朱仝等人凑的一笔钱物之后，阎婆基本上止步不前，"没奈何，只得依允了"。还是那位都头朱仝，找人将若干银两去州里使用，"文书不要驳将下来"。

看来，宋江选择到河北沧州的柴进庄上逃避是正确的。柴进这位前朝皇帝的后裔有特殊的身份、用之不竭的钱财等超出常人的许多优势资源，其仗义疏财的名声使得相当一部分江湖好汉投奔其门下，其中包括林冲这样确实受到冤屈的人士，同时也不乏诸如宋江这样的负案在身的罪犯。

在一个并非没有法度的社会中，我们的这位柴大官人可能不是太清楚自己能够庇佑的只是那些不在"十恶不赦"之列的罪犯，所以夸下的海口未免太大。

另外，柴大官人所谓"兄长放心，便杀了朝廷命官，劫了府库的财物，柴进也敢藏在庄里"如果不是一句大话，那就是柴大官人运气好，没有受到应有的惩罚而已。

于是，我们看到，在一阵喧嚣之后，一桩惊天动地的杀人案居然就此神奇般地销声匿迹了。金钱、关系、身份、人情交替发挥作用，公平、正义、法律的尊严等隐而不见，杀人犯从容地暂避他乡，期待着大宋皇帝某一天大赦天下。

23. 横海郡柴进留宾　景阳冈武松打虎：
　　打虎之后

第二十三回故事梗概

宋江避酒外出，无意间撞到武松，因此与之结识。

武松自述在醉酒后与清河县机密①争执，殴打对方，惧而逃跑，幸亏对方未死。目下打算去寻找哥哥武大郎，身患疟疾，刚才被宋江一惊，居然病愈。

宋江与武松一见如故。十多天后，武松辞行，宋江与宋清送至十多里外，厚赠其银两，武松与宋江结为异姓兄弟。

武松与宋江等人分别后，行至阳谷县景阳冈附近的酒店大吃大喝，不顾店主人劝告及官方告示（榜文），乘着酒兴连夜独自一人进入景阳冈。

在景阳冈，武松遭遇又饥又渴的大虫（老虎），一番斗智斗勇后，武松打死老虎，赏钱千贯分与众猎户。阳谷县知县欣赏武松，邀请其做了该县步兵都头。

点评

宋江与武松之间的结拜有传奇色彩，显示宋江对于武松的欣赏和喜

---

① 古代县衙门中管理机密房的人。参见360百科，访问日期：2020-09-07。

爱,也可窥见宋江与人交往用心和用情之深。这是一个社会交往方面可以深入探讨的话题,这里我们暂且不予讨论。

武松打虎的故事可谓家喻户晓,深入人心。故事的传奇之处为广大读者所熟悉,此处也不必展开或重述。就法律方面而言,武松进入景阳冈之前,通过武松与酒店老板的对话以及武松的所见,我们看到当地官府的榜文。这个榜文如果放在现在,应该说具有行政法规方面的性质。这个榜文透露出来的信息大致可以归纳为两个方面:一个方面是提醒过往行人在相对安全的时辰结伙过景阳冈;另外一个方面,因为老虎伤人,官府杖限当地里正和猎户捕杀之。概言之,榜文出自地方官府,显示其不仅存在,而且在有效地发挥自己应有的作用。

武松打虎之后,官府给付千贯赏钱,足以显示官府兑现自己的承诺。可以说,官府于此展示了自己的公信力。武松可以接受这笔数目不菲的悬赏,也可以自由处分这笔钱。按照我们今天的理解,此时的武松对于这笔赏钱具有所有权。

至于武松打虎之后,阳谷知县参其做个都头多少有些传奇性,但是也不排除这方面的可能性。因为,这里阳谷知县说的是"参",应该是向上司提议的意思。如果是这个意思的话,也就说得过去了。

24. 王婆贪贿说风情　郓哥不忿闹茶肆：
　　武大郎案件何以发生

第二十四回故事梗概

武松做了都头不久，巧遇兄长武大郎，获知其近况。

武松到武大郎家见过嫂嫂潘金莲，后者让武松搬来同住。

潘金莲撩拨武松，被后者拒绝，转而恼羞成怒，武松搬出另住。

阳谷知县到任两年多，存贮一些金银，计划请人运往东京亲眷处，武松成为合适的押送人选。

武松行前特地交代武大郎和潘金莲，潘金莲恼羞成怒，不欢而去。

武大郎谨记武松之言，晚出早归，入户关门。即便如此，还是让潘金莲偶然结识西门庆。通过王婆，二人勾搭成奸。

卖时鲜果品的乔郓哥撞破奸情。

点评

武松打虎成为阳谷县都头。

巧遇其兄长武大郎，由此开始另外一段传奇。

就当时的法律而言，这一回主要涉及武大郎与潘金莲的不大般配的婚姻。

就潘金莲而言，根据小说的介绍，其原是某大户的使女，大户有意要

"缠他",她去告诉大户妻子,招致大户怨恨,于是,大户故意将其嫁给外表丑陋、矮小的武大郎。按照今天的话来说,武大郎是所谓的"高富帅"的反衬。当然,就二人的社会地位而言,武大郎却并不处于劣势。就经济方面来看,武大郎有养家糊口的本事,维持一个家庭温饱的基本条件还是可以的(卖炊饼为生)。

二人的不般配主要体现在外表的巨大反差,因而这种主要是外表上的不般配的婚姻会引来他人的议论甚或个别不怀好意者的觊觎。小说通过武大郎与武松的简短对话即可以告诉读者,武大郎为何从清河县移居至阳谷县。

小说对于潘金莲的介绍显然有些矛盾之处。一开始,这是一个不甘于大户纠缠的使女("意下不肯依从")。至于为什么不甘于大户的纠缠,小说并未有进一步的介绍,因而我们知道的信息有限,不便推测。

《水浒传》中的众多英雄有一个共同之处,他们从年龄上来说在当时业已属于大龄单身男青年,但却未曾婚配,武松就是此类英雄中的一员。[1] 面对那位嫂嫂的露骨的挑逗,武松应该说坚持住了底线,没有逾越家庭伦理关系的藩篱。

西门庆是以一个暴发户的形象出现的,代表着当时社会中的一类坏人,也从一个侧面反映了当时社会的政治与法律生态环境不如人意之处。例如,小说里说到西门庆专在县里管些公事,"与人放刁把滥,说事过钱,排陷官吏"。说到底,《水浒传》里的西门庆只是一个平民,还没有达到《金瓶梅》中的西门庆那样嚣张的程度。因此,以一介平民的身份来插手官场、衙门的事务,应当是一种极不正常的现象。而且,根据我们的了解,宋代中国社会尽管经济发达、法律复杂以及随之而来的对于讼师之类人物的需求加大等,但是对于好讼或健讼基本上持一种打压的态势。

---

[1] 有学者将身强力壮的武松不结婚的原因归结为四个方面。参见温娟说历史《〈水浒传〉中武松身强力壮,为什么单身一辈子?四条原因细细说》,信息来源:搜狗搜索,访问日期:2020 - 02 - 28。

明明知道潘金莲属于他人之妻，却仅仅为了满足自己的卑劣私欲置道德伦理而不顾，表现出西门庆这类人对于道德、社会舆论等的蔑视，也是对于当时法律的藐视。当然，西门庆与高衙内在这方面还是有所不同的。高衙内因为有朝廷高官高俅在后面纵容和支持，欺男霸女达到肆无忌惮的地步；西门庆的"实力"还不足以使他与高衙内相提并论，尽管其与潘金莲的通奸已经成为半公开的秘密，但还不至于毫无顾忌。

阳谷县知县在小说的这一回再次露面，可以说其在无意中间接地加速了武大郎案件的发生。通过小说的寥寥数语我们知道，这位不显山不露水的知县在短短两年多的任期里聚集了一定数量的财富，"赚得好些金银"，如今需要找一个可靠之人帮忙押送到东京亲眷处，以免路上被人劫去。至于这笔钱如何使用，小说也没有忘记交代："谋个升转"。我们知道，宋代官员的任职很少有终身制的，一般是三年一考核，然后依据考核结果升降处置。阳谷县这位社会地位应该说得过去的知县估计与当时大多数的官员一样，要为自己今后的仕途发展做一些准备。至于前面提到的这位知县聚集到的一笔数额不小的财富从何而来，小说没有交代清楚，放在我们今天的话，几乎可以肯定是一笔来历不明的巨额财产。①

因此，如果武松不是因为受知县的差遣去东京押送其私人财产（这应该是被动地替知县干私活），且为时不短，西门庆、潘金莲、王婆之流也不会如此的放肆，武大郎的惨案也不至于如此迅速地到来。

---

① 有的学者认为，宋代官员俸禄较为丰厚（主要是与官员待遇较差的明朝作比较），知县每月大概有12两银子。参见"历史智囊"《宋代官员的俸禄到底有多少？是历史上当官的天堂》，信息来源：搜狗搜索，访问日期：2020-02-28。当然，考虑到知县大人需要养家糊口，这种正常的、较为丰厚的俸禄也不足以作为其谋求升转的资本。

25. 王婆计啜西门庆　淫妇药鸩武大郎：
　　王婆的设计与失算

第二十五回故事梗概

郓哥说破西门庆与潘金莲奸情，武大郎来王婆家里捉奸，被西门庆打伤，卧床不起。潘金莲不管不问，依旧与西门庆打得火热。武大郎希望借武松吓唬潘金莲，不料却引来杀身之祸。

团头何九叔收敛武大郎尸首，西门庆暗中给钱买嘱。

点评

西门庆、潘金莲、王婆三人联手，终于将事情推向不可收拾的地步。

就法律上而言，西门庆与潘金莲通奸以及王婆助纣为虐均是对武大郎婚姻的侵犯，作为受到伤害的一方当事人，武大郎有权维护自己的合法婚姻权利不受侵害。当然，这是涉及婚姻关系中合法当事人隐私的权利，因而其行为的实施在某些时候不必也不便非得通过官府。在《水浒传》中，武大郎选择私力救助的做法在法律上应该是没有问题的。

《水浒传》所展现的武、潘二人的婚姻生活同样具有我们今天的某些共性。例如，通常来说，婚姻主要关涉夫妻双方当事人及其近亲属之间的关系。从小说来看，武大郎与潘金莲双方均没有父母，二人独自生活，没有子女，不受通常意义上的家庭中其他人的影响或干预。至于武松，已经搬出另过且外出一段时间,其影响力似乎已经被遗忘。

　　从理论上来说,在《水浒传》中,无论是武大郎还是潘金莲,均可以选择离异。身边不乏女人的西门庆完全可以等待潘金莲与武大郎离异后娶其进门。我们知道的是,至少在宋代,女子离异再嫁的也不乏其人。但是,故事情节并非依循正常理性的思路发展,故事中的这几个人物的行为也并未如此地合乎理性。

　　如果按照王婆的设计,潘金莲毒死武大郎后"没了踪迹",便是武二回来也不便干预,因为"自古叔嫂不通问","初嫁由亲,再嫁从身"。

　　当然,后来事情的发展并未按照王婆的设计发展。因为,这时涉及一个几乎绕不过去的环节,那就是案件的关键证据亦即武大郎中毒后的尸骨。还有那位打虎英雄武松,是不会就此放过此事不予追究的。

26. 偷骨殖何九叔送丧　供人头武二郎设祭：
"私人救济"导致的惨剧

> **第二十六回故事梗概**

何九探知武大郎死亡真相，与妻子商议留下证据。

潘金莲给武大郎设灵牌，却与西门庆寻欢作乐，无人不知。

武松办理完知县交托之事回到阳谷县，获知兄长忽然去世，心存疑窦。

武大郎阴魂托梦、诉怨。

武松再次询问潘金莲武大郎病因、死因、服药、火化等情况。

武松从何九那里获得关键证据（武大郎火化后的部分尸骨、西门庆的贿银十两）。

武松找郓哥了解情况，赠银五两供郓哥老父亲生活所需（打官司估计三五个月）。

武松与何九、郓哥找知县告状，知县、县吏与西门庆有勾结，武松拿出骨殖及十两银。西门庆知道后，派人给官吏暗中送银。

次日，武松催促知县拿人，后者推诿。

武松邀请王婆等人来给亡兄做头七，请士兵把门。

在武松的逼问下，潘金莲和王婆先后一一招供，武松让邻居胡正卿书写"供词"，让潘、王二人点指、画押。

武松将潘金莲开膛，抠出心肝五脏供在灵前。用床单将潘金莲人头包好，出去找西门庆算账。

◎ "水浒""二拍"中的法律

在狮子楼酒店,武松斗杀西门庆,取其人头。

点评

这一回在《水浒传》中无疑是颇为血腥的一章,暴力色彩浓厚。

当然,一开始,武松肯定是希望通过官府审理,查清案件真相,亦即寄希望于官府和相应的司法途径。但是,当他发现此路不通的时候,即转而"私人救济"。由此,一场悲剧上演。

就刑事案件证据方面来说,至少到了宋代,总体上比之前有较大的进步。近年的相关研究显示,宋代的刑事证据制度在隋唐等前朝基础上达到前所未有的高峰。证据种类丰富,包括干连人、口供、物证、书证和勘验文书等。在刑事证据的获取方面也有一定要求。证人地位有所提高,重视检验、勘验等。当然,也不乏某些弊端。[1]

回到《水浒传》相关章节。武松并非专业的司法人员,只是对于其兄忽然去世心生疑窦。[2] 即便如此,武松也没有鲁莽行事,而是多方求证,寻访关键证人,寻找重要证据,如其兄火化后的尸骨,了解其兄的病因及生前服用的药物等。

前已述之,本来,武松是可以依靠官府对案件进行审理,从而得出一个令人信服的判断和结论的。这样解决问题无疑是正常的途径,也是官府应该做的分内之事。遗憾的是,阳谷县的知县和县吏与西门庆素来有勾结,而且事发后,西门庆还额外使钱。也就是说,在阳谷县里,武松已经难以寻求到程序正义,更不要说实体正义。

从小说的描述来看,阳谷县知县推诿的理由似乎也很充分。例如,那

---

[1] 参见张涛:《宋代刑事证据制度研究》,硕士学位论文,2019年。
[2] 小说描写武大郎阴魂托梦与哭诉,应该是武松内心疑惑或怀疑的表现。《水浒传》中武大郎的死因也是对于水浒故事感兴趣的读者群中一个颇有争议的问题。有人认为,结合小说的描写来看,武大郎应该是死于砒霜中毒加上潘金莲的闷杀。但是,现在有一种说法倾向于认为武大郎被西门庆踢中要害,导致脾包膜破裂后大出血,加上潘金莲的闷杀而死。信息来源:趣历史,访问日期:2020-02-28。

位收受了好处的知县是这样对武松说的：武松，你也是个本县都头，不省得法度？自古道："捉奸见双，捉贼见赃，杀人见伤。"你那哥哥的尸首又没了，你又不曾捉得他奸，如今仅凭这两个言语便问他杀人公事，莫非忒偏向么？你不可造次。须要自己寻思，当行则行。

狱吏的说法则是：都头，但凡人命之事，须要尸、伤、病、物、踪，五件俱全，方可推问得。

换言之，阳谷县主要官吏通过"专业"的说辞已经关闭了司法之门，这一不正常的做法迫使武松只得一身兼理数职：刑侦、审讯、判罪并立即执行。而这种做法的危险性不言而喻。

或许，武松还可以到州府一级告状。相关研究表明，两宋时期，越诉的情况也是一种层出不穷的现象。① 但是，估计此时的武松业已对官府失去了基本的信任。而且，武松未必有如此的耐心和长期打官司的准备。② 快意恩仇或情感的支配，不会使得青年武松在突然失去兄长又得不到官府正常处理的情况下，保持一般人通常具有的理性和冷静。

小说中的武松在完成了自我调查取证的阶段后，在兄嫂租赁的房屋中（此时成为审案的"法庭"），开始了对于案件相关嫌疑人的"审讯"，"主审法官"或"独任法官"就是他自己，犯罪嫌疑人就是潘金莲、王婆，"法警"就是他手下的士兵，"主要证人"就是亲眼见证武大郎被西门庆踢伤的乔郓哥以及据称收到西门庆贿银十两、偷藏武大郎部分发黑尸骨的何九叔。"法庭书记员"就是那位吏官出身的胡正卿，他也是武大郎的四邻之一，被武松强请入席。

就本案证人而言，因为武大郎死在自己家中，王婆等三人合计谋害武大郎是在秘密的状况下进行的，砒霜出自西门庆的药店，与潘金莲从其他人的药店取的药混在一起，给武大郎服用。因此，本案没有"目击证人"，

---

① 参见韩业斌：《宋代越诉法变革探析》，《兰台世界》2014 年第 9 期。
② 小说中的那位见证武大郎被踢伤的郓哥接到武松给的五两银子，感觉即使是自己卷入案件作证三五个月，其老父亲也可以因此维持基本的生活。这一信息说明，在当时普通人打官司并非一件轻易之事，需要耗费的在时间、精力、金钱等方面的"成本"不会低。依照我们今天的经济分析的方法，打官司极有可能是一种成本高、收益未必有或者说收益未必高的行为。

潘金莲也不会"自证其罪",完全可以为自己作无罪辩解。而且,法庭完全由武松主导,形成对其他人的绝对控制。所以,这种"审讯"令人置疑。

如果潘金莲拒不交代,估计武松的"审讯"难以为继。否则,便有滥杀无辜之嫌。

当然,小说的情节是潘金莲如实供述,并被录成口供,嫌疑人依次点指画押,至此案情大白于天下。当然,我们这里不排除潘金莲的如实供述迫于武松的压力,这种获取证据的方式在今天难以被正规的法庭接纳。

即使是到了这个时候,都头武松还是可以依据自行获取的潘、王二人的口供,将此二人送到官府处置。但是,小说作者接下来的描写是武松当众残杀潘金莲,祭奠武大郎亡灵,众人不禁掩面。之后的情节是武松斗杀西门庆,提两个人头及杀人凶器来县衙自首。

这里值得注意的是,小说中提及武松杀嫂及"斗杀"西门庆,都不是武松单纯地故意杀人,而是与被害人一方产生矛盾状况下的杀人,亦即被害人也存在一定的过错。对此,至少在中国秦代的法律中即有相应的规定。

因此,对于当时法律不会陌生的都头武松应该清楚这方面的区别,采用了有利于自己一方的杀人行为,使得自己在后来的定罪量刑上不至于没有丝毫的余地。当然,其自首情节、被害人去世后无人为之出头以及两名被害人生前不被主流伦理道德认可的行为等合并在一起,构成官府对于武松连杀两人行为的轻判。

27. 母夜叉孟州道卖人肉　武都头十字坡遇张青：武松遭遇的江湖

第二十七回故事梗概

武松与王婆及四邻来到县衙，知县升堂审理案件，派仵作等人查验潘金莲、西门庆二人尸身，填写尸单格目，呈堂立案。

知县此时有意开脱武松，叫把招状重新做过，改成武松杀死潘金莲、西门庆均系斗殴所致。写一道申解文书，将一干人犯押解至东平府发落。

同情武松的人不少，大家捐钱、捐物，武松将行李寄顿，送郓哥老父亲十多两银子。县吏携案件相关证据，带武松等人来东平府。

东平府尹已经闻知此案，例行公事，对武松同情，牢狱中武松没有受到刁难。

府尹把这招状卷宗都改得轻了，申去省院，详审议罪。王婆被处凌迟，武松脊杖四十，刺配二千里外。奸夫淫妇已死勿论，其余人犯释放宁家。"文书到日，即便施行。"

东平府实施上述相关判决。

武松发配孟州牢城途中，经过十字坡酒店，遭遇张青夫妇，因此不打不相识。

张青曾经给妻子讲过三种人不可坏他。

75

◎ "水浒""二拍"中的法律

点评

  武松连杀两人，然后去县衙自首（这是一个在量刑时可以考虑的从轻情节）。从此刻开始，官府介入，公权力发挥作用。当然，武松可以选择逃亡，但是武松不是宋江。

  阳谷县知县在这个时候又有上佳表现或积极作为。其不仅受理了武松杀人案件，而且尽快安排仵作验尸，填写相应的验尸报告。同时，即刻升堂审理案件，依据相关证据，查明案件事实，迅速做出自己对案情的判断。例如，此时的知县有足够的耐心听取武松所述的胡正卿帮忙写好的潘金莲、王婆二人的作案供词；让令史录取王婆的口供，与武松先前请人书写的王婆口供对照无误；"又唤过何九叔、郓哥，都取了明白供状"。教取长枷将武松、王婆枷了，收在监内；一干平人寄监在门房里。此时知县的表现可圈可点。

  武松杀人毕竟是事实，因而其"招状"非常重要，也不好写。但是，这个难题对于知县来说也就只是小菜一碟。我们看到，这位阳谷县知县这个时候开始想到武松是个烈性好汉，还帮助自己去东京一趟以及其他一些好处。于是，与县吏商量的结果就是：武松杀潘金莲的原因是后者不容祭祀，将灵床推倒；武松则是救护灵主，与嫂斗殴，一时杀死。西门庆则是因为与本妇通奸，因来强护，与武松扭打，"以至斗杀身死"。如此一来，武松先后两次杀人均情有可原。前面我们已经说过，古代中国故意杀人与斗杀致人死亡并不画等号。

  在小说中，东平府尹陈文昭被贴上"聪察的官"这样一个标签，至少在此案的审理流程方面（主要是审核案件相关材料如阳谷县申文、各人供状招款、赃物及凶器入库封存、武松长枷换成轻枷放在牢里、王婆换一面重枷放在死囚牢中收了；唤过县吏，将何九叔等六人带回县里，宁家听候；西门庆妻子留在本府羁管听候），东平府尹堪称无懈可击。

  武松下在牢里，"自有几个士兵送饭"。这一信息再度说明，当时的监狱至少是不会给犯人提供食物的。不仅如此,如果不是府尹大人时常差人来看望,狱卒(牢子、节级)的好处费也是要给的(之前林冲在沧州牢城营里的遭遇应该并非个别现象)。因此,就小说提供的情况来看,当时的监狱管理只能够获得差评。

武松一案涉及杀人,且与武大郎之死联系在一起,属于死刑案件,如何审理自然关系甚大。仅就小说本身的描述,我们可以从中发掘出一些宋代死刑案件审理的基本信息。例如,对于武松杀人案件,有权审理的机构有阳谷县及其上级管理机构东平府。县、府两级对案件审理后,需要上报给省院,"详审议罪"。

国内相关研究表明,宋代的州县两级司法机关是死刑案件的初审机构。为获得囚辞,可以广泛使用刑讯,且手法残酷,事实清楚的案件可以直接判处死刑。死刑案件实行审、判分离,出于对死刑案件的审慎,形成了较为严密的监督体系。当然,也存在某些弊端。例如,监督程序过于严密,有时会造成"滞狱"。而为了达到"狱空",又会使得州一级的司法机关拥有较大的审决权限等。[①]

《水浒传》中提到的东平府尹将武松案件的招稿卷宗"都改得轻了",申去省院,"详审议罪"。这一信息说明,这位东平府尹基于对武松的同情,在案件审理的过程中加入了自己的倾向,由此决定了案件的基本走向。上报给省院,"详审议罪"意味着死刑案件需要上报给中央司法机构。国内相关研究显示,宋代为了"防弊",设立了"鞫、谳、议"审判机制。其中的"详议"是在鞫谳分司的基础上的一种制度设计,即地方奏案(已鞫)报大理寺、刑部断,再经审刑院详议。大理寺、审刑院断议如有争议,还有尚书省集议程序,以解决疑难问题。[②]

武松被处以脊杖四十,刺配,前往孟州牢城营。脊杖四十其实也可能导致犯人死于杖下或引发杖击后的"棒疮"死亡。但是,由于"上下公人

[①] 参见凡如玉:《宋代死刑案件的审理和监督研究》,南京师范大学硕士学位论文,2019年。
[②] 参见戴建国:《宋代鞫、谳、议审判机制研究——以大理寺、审刑院职权为中心》,《江西社会科学》2018年第1期。

都看觑他"，武松于此逃过一劫。王婆则主要因为教唆罪被判处凌迟刑，即所谓的"千刀万剐"。这种据称始于五代时期的酷刑在北宋逐渐成为惩罚严重犯罪者的死刑执行方式，突破了隋唐时期绞、斩这两种死刑执行方法，并一直延续到清代。

　　武松发配途中的亲身经历再次告诉我们：《水浒传》所处的北宋末期，旅途是不安全的，这种不安全的因素主要来自开黑店的母夜叉孙二娘之类的人物。

　　当然，武松不同于有家室之累的林冲，不必瞻前顾后，也不用担心仇家报复或陷害。而且，武松的江湖经验可是远高于林冲，这也是后来赶到的张青求饶武松放过其妻孙二娘的原因。

28. 武松威震平安寨　施恩义夺快活林：
监狱黑暗之再现

第二十八回故事梗概

武松在落草为寇或去孟州牢城服刑之间选择了后者，并力主保全两名公人的性命。

武松与张青结拜，告别张青夫妇，去往孟州牢城。

武松来到孟州牢城营平安寨，差拨索贿不成，恼怒而去。

管营相公欲打武松一百杀威棒，边上一个年轻人劝阻。回到牢房，众囚徒说出狱中迫害犯人的内幕。

武松酒食不忌，安然享受特殊待遇。

武松坚持问个明白，施恩露面，武松举起巨石展现臂力，众人惊奇不已。

点评

在落草为寇还是前往孟州牢城服刑，是摆在已经沦为杀人犯、阶下囚的武松面前的一道难题。武松选择后者，可以说明此时的他还没有放弃正常社会的生活轨道，尽管他与这种常规的生活已经有较大的距离。

初到孟州牢城营，武松的经历再次告诉我们，此时的监狱管理人员，如差拨等，公然索贿，已然成为普遍的恶劣风气。武松强硬拒绝，差拨恼

◎ "水浒""二拍"中的法律

羞成怒而去。

　　太祖祖制于此再次出现（所谓一百杀威棒，足以毙人于杖下），这种情况我们在林冲被发配到沧州牢城营的时候已经有所认识。与林冲的"乖巧"、有钱抑或自我保护的策略不同的是，刚直的武松没有取巧或求饶之意。一百杀威棒之所以没有真正打到武松身上，并不是有何高人在其后庇护，而是因为那位久不说出自己真实意图的老管营相公之子施恩的特别关照。不仅如此，这位所谓的小管营还安排人时时给武松送去好吃的饭菜与好喝的酒水，在住宿方面对武松格外优厚。

　　前述林冲进入沧州牢城营以及在此之后的武松进入孟州牢城营的某些几乎共同的经历说明，宋代的监狱管理制度不乏一些不尽如人意之处，其在有的时候甚至是比较严重的，比如狱卒公然索贿。在林冲的相关经历中我们就不难看到这一情况，只不过林冲有柴进给的银子，狱卒等人不至于为难他。武松入狱，同样遇到一样的情况。只不过身为老管营相公的施恩有求于武松，所以杀威棒免了，没有给的好处费不给也不是问题。近年的相关研究向我们表明，宋代的监狱管理有其相对于前朝的进步之处，但也有自身的一些不足。例如，当时的监狱大致分为中央监狱、地方监狱以及后来在配隶制度上发展起来的牢城监狱。这种牢城监狱更具宋代特色，值得研究。从狱卒的责任方面来说，失囚、赃占枉法、徇私枉法均要承担相应的法律责任，但在实际操作的过程中却难以尽如人意。此外，腐败黑暗以及法外私刑等是当时监狱管理过程中的败笔。[①]

　　因此，通过《水浒传》这部与当时社会不无联系的文学名著，我们可以看到某些隐藏在历史深处的东西，如监狱这一特殊的场所及其管理上的进步与不足甚至黑暗的东西。从这个意义上我们可以发现，《水浒传》不仅是一部传奇色彩浓厚的小说，它未必不会体现某些经得起推敲的历史上真实的一面。对于监狱及其管理，这部小说并非唱赞歌，而是批判较多。这种情况，在这部小说的后面，我们还可以见识和讨论。

[①] 参见王露婷：《宋代监狱管理制度研究》，安徽大学硕士学位论文，2018年。

29. 施恩重霸孟州道　武松醉打蒋门神：
　　快活林的所有权问题

第二十九回故事梗概

施恩说出快活林恩怨，意在请武松为其出头。

老管营出面，让施恩与武松结为兄弟。

武松请求去快活林为施恩报仇，条件是途中每一个酒店须喝酒三碗。

武松进入蒋门神的酒店，故意激怒对方并击败对手。

点评

施恩之所以盛情款待武松，其意在于借武松之手打败对手蒋门神，夺回失去的快活林。

为此，不惜安排人手专门给武松远超一般囚徒的生活待遇。

这一回主要涉及的法律问题是快活林的所有权问题。按照施恩一方的描述，快活林是一个所谓市井，在这里做生意的有一百来家，施恩在此开了一个酒肉店，其相关收益都分与赌坊、兑坊。手下的员工就是牢城营里的八九十名精壮的犯人。来此趁食的妓女需要获得施恩的许可，每月可以有二三百两银子好赚。

施恩自述，其之所以拥有这家酒食店，一来是自己有点本事，二来是有手下的那些"拼命囚徒"。这样看来，这所酒食店所有权的取得本身就有些问题。也就是说，施恩能够在快活林开店并不是通过通常意义上的那种登记的方式，依仗的是自己的随身本事以及捉着营里的八九十个拼命的囚徒。先看施恩的"随身本事"。这个所谓的"随身本事"到底是什么，施恩没有说，我们只好猜测了。可能是指他的拳棒方面的本领；此外，更为重要的是他身为老管营相公的身份。这一点，他没有明说。但是不管怎么样，他的酒食店的所有权存在一些问题，超出了我们能够理解的范围。

另外一个问题是：囚徒可以参与酒食店的经营和管理吗？从《水浒传》的描述来看，答案是肯定的。这种描写极有可能反映出当时的某些确实存在的实际情况，同时也暴露了当时监狱管理中出现的某些问题。如果小说描写的是当时的某些真实情况，那么可以说明，身为牢城营监狱管理者的老管营为了儿子做生意，可以将在押的为数不少的囚犯利用起来，为自己谋取私利。

施恩酒食店所有权的获得方式存疑，而其失去则因另外一个强势的对手蒋门神及其后台一伙所为导致。这种所有权的易手并非正常的商业行为，纯属丛林规则的体现。估计通过法律手段重新获得酒食店的所有权几乎不可能，也上不了台面，所以，老管营父子才会请出武艺高强的武松。而要使得远近闻名的打虎英雄、勇于斗杀西门庆的武松为己所用，先前的小恩小惠自然是必不可少的，包括与武松结为异姓兄弟。而且，既然对方抢夺酒食店采用的是武力的方式，那么，用武力的方式再度夺回来在道理上也没有什么问题。只是在这一过程中，好汉武松醉打蒋门神的动机却失去了先前的高度。

30. 施恩三入死囚牢　武松大闹飞云浦：
金钱、暴力与阴谋

第三十回故事梗概

武松打败蒋门神，令其离开快活林，不得在孟州居住，将酒店还给施恩，并当着快活林的英雄好汉给施恩赔话。蒋门神（蒋忠）一一答应、照办。

被武松扔到酒缸里的蒋门神的小妾爬出，数个伙计被打伤。

施恩至此重霸快活林，收入颇丰（自身买卖兴隆，而且各赌坊、兑坊①加利倍送闲钱给施恩）。

此后一个多月的一天，孟州守御兵马都监张蒙方差人来取武松。②

张都监提拔武松做亲随士兵，对其生活起居多有照顾，武松甚是感激。

中秋夜，张都监一家赏月，特邀武松一道参加，并将养娘玉兰许配给武松。

武松大醉，半夜听得捉贼，玉兰称有人进入后花园。武松前往，却不料被当成贼绑缚，并在武松住处搜出"赃物"。

---

① 兑坊：当铺。信息来源：搜狗百科，访问日期：2020 - 03 - 01。
② 都监：宋代军事职官，在路州府一级设置，统称兵马都监，简称都监。其中，州府以下的都监掌本地军队的屯住、训练、器械、差使等。信息来源：搜狗百科，访问日期：2020 - 03 - 01。

◎"水浒""二拍"中的法律

武松被关押，次日送到知府衙门。后者不由分说，吩咐痛打，武松只得屈招，被打入死牢。

施恩得知情况后，速来请求当牢康节级①，后者说出陷害武松的是张团练、蒋门神等人。目前只有叶孔目力保武松，施恩给一百两银拜谢而去。②

叶孔目知道内情，收受施恩一百两银，"却把这文案都改得轻了"，只待"限满决断"。

一连数日，施恩入狱看望武松，上下打点，张团练手下发现，不再方便出入。

六十日限满，武松被判脊杖二十，发配恩州，"原盗赃物，发还原主"。

武松带枷出城，施恩来见，备说别后经过，叮嘱武松小心在意。

在飞云浦，武松连杀四人，获知蒋门神等人阴谋及下落。

点评

武松打败蒋门神，施恩再度成为快活林一霸。

这种结果当然不是法律在发挥作用，而是双方武力（拳头）较量的结果。

蒋门神与其后台张团练③不会善罢甘休，勾结张都监陷害武松，欲置武松于死地。

张都监为此不惜大耍手段，表面上非常看重武松，提拔其做亲随卫兵、许诺将自家才艺双绝的养娘玉兰嫁给武松。

当然，作为官场上的一个举足轻重的人物，要想陷害武松，张都监必

---

① 节级：宋元时期地方狱吏。信息来源：搜狗百科，访问日期：2020-03-01。
② 孔目：衙前吏职。信息来源：搜狗搜索，访问日期：2020-03-01。
③ 团练：应该称团练使，始于唐代，为地方军政长官。宋代沿袭这一官职，但为虚衔。信息来源：搜狗百科，访问日期：2020-03-01。

须找到一个看似十分扎实的罪证。于是，半夜设计捉贼的把戏，诱导对其心存感激的武松落入陷阱就是一种较为高明的手法。

这里的问题是：即便是被屈打成招，从一个刑期未满的配军沦为盗窃犯的武松也罪不当死。当然，考虑到当时狱政的混乱或黑暗，武松是极其有可能死在狱中的。毕竟，古代监狱瘐死者确实是屡见不鲜。

双方争斗或暗中较劲的主要手段还是金钱开路。蒋门神一方为了使武松沦为盗窃犯，不惜出重金收买张都监；后者为了蒋门神，不惜采用提拔武松做亲随卫兵、让其出入家庭后宅，甚至主动邀请其加入自己的家庭聚会、许诺给对方一个美满的婚姻等，目的均在于诱使对方在麻痹大意的状态下，堕入事先设计好的陷阱，从而坐实其盗窃巨额财产的罪名，借法律之命、官府（知府）之手收拾武松。

施恩在这个时候体现出了武松援手的作用，其对抗敌手的办法同样是金钱开道，上下打点。尽管他所处的地位还不足以使他收买位高权重的知府大人，但也足够收买掌握案件最终定性的叶孔目，买通狱中的康节级这样的狱吏，使得身陷囹圄的武松暂时免于意外和迫害，能够最低限度地活到判刑的那一天。

快活林酒食店既然是武力取得，自然也可以被他人采用武力再度夺取，这一反复的拉锯式的较量只能说明水浒故事中的世界主要是一个江湖的世界，而非法制的世界。公平与否，主要由暴力、阴谋等说了算。

在飞云浦上演的惊心动魄的一幕，展现了武松非同一般的武艺、勇力、智慧与江湖经验，这或许是今天的我们更乐于见到的完全不同于野猪林里束手待毙的林冲的场景。这个时候，武松的表现不乏快意恩仇的一面，其中也不乏或者更多的是以暴制暴抑或正当防卫的一面。

31. 张都监血溅鸳鸯楼 武行者夜走蜈蚣岭：
行走在黑暗之中的英雄

> **第三十一回故事梗概**

武松在飞云浦连杀四人，获知张都监等人的阴谋，故而心怀怨恨，连夜赶到张都监住处，杀张都监、张团练、蒋门神、玉兰等十五人。之后，在逃亡路上被张青夫妇搭救。

官府为之震惊，知府令人把住孟州四门，命令全力捉拿凶犯武松。

武松藏身在张青处，后者建议武松去二龙山入伙。

孙二娘将武松打扮成行者模样。

武松在夜色中行走，途中遇见一个僧人与妇人作乐。武松怒而出手，杀了道童与僧人。

> **点评**

如果说武松在飞云浦连杀前来行刺的蒋门神徒弟和防护公差的行为无疑是正当防卫的性质的话，那么，连夜赶到孟州城张都监家里杀害张都监等十五人则是重大的故意杀人，无论如何均是不可饶恕的重大犯罪。而且，在十五个被害人中，多数人是无辜的。此时的武松已经被复仇的怒火点燃，先前的颇有法度和谦抑的武松已经不复存在。这也说明，脱离了法律的约束或者不再顾忌法律的存在的话，即使像林冲、武松这样的遭受不公正对待的人，只要有机会，也会疯狂地报复社会与他人。

张都监因为贪图蒋门神的银两和顾及同姓结义兄弟张团练的义气，付出了一家五口灭门的悲惨的代价，教训不可谓不深刻。反之，如果他收买人心，知恩图报的武松几乎无疑会成为其心腹之人。

孟州知府对于武松连杀十九人（包括飞云浦被杀的四人）的行为的反应应该说是正常和及时的。例如，小说中说到，知府命令关闭四个城门，迅速发布缉捕文书（上面有武松的乡贯、年甲、貌相、模样、画影图形等），出三千贯赏钱，以保甲为单位，"遍行临近州府，一同缉捕"。

张青夫妇属于做人肉馒头的非法之徒，同时也是江湖之人，与武松素有交情，当然不会为了赏钱而出卖武松。但也正是因为上述缉捕文书的压力，才不得不建议武松去二龙山这一法外之地暂避。否则，一旦官府查实，其有窝藏罪犯的嫌疑。当然，武松此刻的无奈的选择意味着他只能告别正常的社会，进入他之前一直刻意保持距离的那种非正常的社会。

乘着夜色潜逃的武松在路上遇见某僧人与妇女作乐，杀了开门的道童，与僧人持刀相斗，这一行为看起来不太好理解。但是，如果了解武松有自己的道德观念及道德判断的话，其上述行为的动机似乎也就不难理解。

32. 武行者醉打孔亮　锦毛虎义释宋江：
两名在逃犯人的不同选择

第三十二回故事梗概

　　武松杀了那位"先生"，经询问妇人得知，被杀者自称飞天蜈蚣王道人，之前被杀的道童是被王道人掳掠而来的，这名妇女是岭下张太公的女儿，被王道人强迫来到坟庵（张家祖上的）同居，张太公一家四口被道人所害。

　　武松教妇人将道人的一百多两银子等物拿去"养身"，烧了坟庵与道人、道童尸体，往青州方向而去。

　　武松在路上行走多日，见有缉拿自己的榜文，但因为自己已经装扮成行者，无人确认。

　　武松饥寒难耐，到一家乡村酒店吃酒，感觉自己受到不公正对待，怒而殴打店主人，后来的食客气愤与之理论，却被武松痛打而去。

　　武松吃完食客的酒肉，醉倒，被食客的兄弟一伙抓住。正要教训之际，宋江出现，二人共叙别后，武松与刚才冲突的孔家兄弟结识。

　　多日后，武松去二龙山落草，期待朝廷他日招安；宋江决定接受花荣邀请，去清风寨。二人同行一段后各分东西。

　　宋江被清风山强人锦毛虎燕顺的手下喽啰捉拿上山，因此结识燕顺、王英、郑天寿等人。

　　王英下山，劫得清风寨知寨刘高的夫人，宋江等人劝阻，放刘高的夫人下山。

　　宋江执意下山，投奔花荣。

一、"水浒"中的法律

点评

作为遭受官府通缉的杀人犯的武松,在途中凭借自己的道德判断,接连杀死道童与道士各一名。这里,被杀的道童无疑是无辜的。至于那位飞天蜈蚣王道人,听起来似乎罪大恶极(杀害张太公一家四口,强逼张太公女儿),死有余辜。但是,因为没有其他证据能够证实,武松听到的也只是侥幸不死的妇人的一面之词。而且,逃亡途中的武松仅仅是厌恶出家人与妇女厮混而出手杀人,根本就不给对方辩白的机会即对对方"立即执行死刑"。因此,所有这一切均与法律之治相去甚远甚或背道而驰。这也可以再度印证水浒故事中的非理性、反法制或反社会的一面。

作为消费者的武松在村边酒店的行为涉嫌强买或强迫交易、寻衅滋事、殴打他人。至于吃了亏的孔亮一方后来殴打武松,应当属于以暴制暴的行为,也不具有合法性。

这一回中的武松和宋江二人有一个共同之处,那就是二人都因为杀人遭官府通缉,属于在逃犯人。

武松当然清楚自己罪行的严重程度,因而选择去二龙山落草为寇。宋江选择去清风寨投奔花荣,是因为其相对于武松,罪行没有那么严重,故而心存侥幸。

在这一回,武松与宋江的交谈中流露出有意接受招安的思想。小说中是这样写的:天可怜见,异日不死,受了招安,那时来寻哥哥未迟。招安的想法似乎首先出自武松,多少有些出人意料。后来的武松却又不再坚持自己的这一想法,而且对此较为反感。按照我们的理解,可能是武松后来与鲁智深、杨志这些先前属于体制内、后来由于某种原因脱离体制的人生活在一起受其影响,自身的某些令人不快的经历等使得武松等人不再信任朝廷和体制。但是,迷恋正途的宋江反复提及招安,招安也就成为宋江主导梁山之后的指导性思想,也是一些读者不理解甚或比较厌恶的。多年之前的"评水浒,批宋江"也是以此为据,批判宋江的投降路线。

那么，招安在古代中国社会其意如何？有无这方面的实践活动呢？

根据我们的了解，有研究显示，古代的所谓招安是指一个国家的合法政权对于不合法的地方或民间地下组织的一种安置行为。相关实践中不乏这方面的实例。譬如，在唐末农民起义中，黄巢就曾经多次请求招安。明末流寇接受招安的几乎比比皆是，较为典型的是张献忠。①

宋江的理想不仅是可以接受甚至追求接受朝廷招安，而且其追求的是青史留名、封妻荫子，不枉为人一生。从字面意思看，所谓"封妻荫子"就是使得妻子获得奉赠，子孙世袭官爵。② 这里，宋江谈到的"封妻荫子"很可能与宋朝的恩荫制度是联系在一起的。根据我们的了解，恩荫可能始于秦朝的荫任制，唐朝称"门荫"或"恩荫"，并非常制。到了宋朝，恩荫制度获得较大发展，是科举之外的进入官场的一种补充方式，意味着中高级官员的子弟、亲属甚至门客等均可享受此特权。③ 宋江说出"封妻荫子"较为可信，因为其长期在官场效力，通过科举取士的可能性似乎不大，但通过诸如恩荫或接受招安的路线则并非不可能。

劝说好色的矮脚虎王英释放清风寨知寨④刘高的夫人并非说明宋江的人品或道德水准远高于王英之流，而是更多地出于功利的考虑，即希望做个人情。

清风山三位头领打劫过往行人当然属于严重犯罪的行为，这里暂且不作进一步讨论。上述三位头领落草为寇的经历却值得研究：锦毛虎燕顺原本是一位贩卖羊马的客商，因为消折了本钱，就流落在绿林丛中打劫；矮脚虎王英原是车家出身，见财起意，就势劫了客人，事发到官，越狱在逃；白面郎君郑天寿原本打银为生，流落江湖，路过清风山，与下山的王英撞到一起，两人拼杀五十余回不分胜负，就此上山。上述三人落草的经历耐人寻味，其中的两人均为流民，很容易成为社会不稳定的因素。

---

① 信息来源：搜狗百科，访问日期：2020-03-03。
② 同上。
③ 同上。
④ 知寨：宋代巡检寨巡检的别称，分文知寨和武知寨，前者为正，后者为副。宋代县级治安分隶县尉、巡检，两者地位相当。信息来源：搜狗百科，访问日期：2020-03-02。

33. 宋江夜看小鳌山　花荣大闹清风寨：
　　惹祸上身的源头

第三十三回故事梗概

这一回小说先简介清风寨，特别是其所处的特殊地理位置。

宋江独自一人下山，投奔北寨的花荣。

花荣说出刘高夫妇种种劣迹，宋江劝说花荣与之搞好关系。

元宵节夜晚，宋江随花荣体己人去清风镇赏灯，被刘高夫人认作贼抓捕。花荣去信告饶，刘高不听，双方发生冲突，最终花荣被外号为"镇三山"的都监黄信设计捉拿，连同宋江一起送往青州府。

点评

清风寨正副知寨的设置，在某种程度上可以理解为宋朝立国的一个基本政策，即重文轻武。花荣对于文官出身的正知寨刘高不屑一顾，可能就是对于上述设置的一种不满的表达。当然，具体到刘高夫妇，如果花荣所述属实的话，那么，刘高的行为就属于贪贿横行，他就是一个无才无德之人；刘高夫人就不贤，她就是教唆刘高作恶之人。

刘高夫人恩将仇报应该是引发其后来惹上杀身之祸的源头。当然，捉拿嫌犯属于身为知寨的职责范围，刘高具有这方面的权力。指责花荣与强贼通同，在法理与情理上也没有被指摘之处。身为逃犯的宋江之所以诡称自己是郓城县客人张三，当然是为了不暴露自己负案在逃犯的真实身份。

当然，故事后面情节的翻转并不是刘高夫妇等人能够预料和控制的。

34. 镇三山大闹青州道　霹雳火夜走瓦砾场：
　　　　　　　　　　宋江的计谋

第三十四回故事梗概

　　黄信等人押着宋江、花荣经过清风山，遇到燕顺等人，被劫去囚车，刘高被俘，黄信逃回清风寨，派人去青州报信。青州知府慕容闻知，急令兵马总管秦明统制官军前往。

　　花荣与秦明交锋四十余回，不分胜负。秦明追赶，花荣放箭射中其头盔作为警示。清风山多处设伏，秦明无从得手，损失惨重，五百人马多半战死，其余的包括秦明在内成为俘虏。

　　秦明执意回青州，却不料城外已成一片瓦砾，死者无数。城头女墙上慕容知府指责秦明勾结红头子作乱，称已杀秦明全家。秦明无奈，只得回头，方才得知以上均为宋江设计。

　　秦明说动黄信，打算加入宋江。

点评

　　到这一回，故事的发展已经进入一个小高潮。

　　捉拿宋江、花荣本应是身为朝廷命官的黄信的职责。当然，押送上述二人去青州却要经过强人出没的清风山，以"镇三山"黄信的本领看来不足以很好地完成这一任务。因此，黄信的行为显然属于失职。如果此事发生在今天，可以比照刑法中的第四百条失职导致在押的犯罪嫌疑人脱逃罪的罪名追究相关行为人的责任。

青州知府依照职权调动手下军官秦明前往镇压清风山强人，后者的表现可以说令人失望至极。秦明无疑只是一个有勇无谋、瞎打乱撞的军官的典型，手下五百兵马非死即伤，连秦明本人也做了俘虏。因此，秦明即使是回到青州也很难不受到相应处罚。

宋江、花荣等人计谋的毒辣之处于此得到充分展现，我们完全可以谴责其为达目的不择手段。也就是说，为了拉拢那位口口声声称自己"生是大宋人，死是大宋鬼"的秦明入伙，宋江等人不惜牺牲秦明的家人和众多无辜的老百姓。那位青州知府也十分容易上当受骗，不做调查即相信宋江等人的骗局。损兵折将难以回头、家人尽数被害的秦明（按照当时的法律，秦明难保不被追究相应的责任），在知道宋江的骗局后，非但没有丝毫的怨恨，而是很快即加入这一犯罪团伙，并且很快拉拢自己昔日的徒弟黄信加入进来。至此，我们对宋江仅存的一丝好感恐怕也已荡然无存。

35. 石将军村店寄书　小李广梁山射雁：
人才与十恶不赦的罪人

第三十五回故事梗概

黄信率领剩下的寨兵投降，宋江网开一面，传令不得杀害百姓、寨兵，杀尽刘高全家。燕顺杀了王英隐藏的刘高的妻子，后者与之拼命，被宋江劝阻。

宋江等人给秦明主婚，秦明的新夫人就是花荣的妹子。

青州知府计划派遣大军征讨清风寨，宋江建议愿意的清风寨喽啰和秦明带来的军汉化装成官军加入南面的梁山泊。途经对影山，打前站的宋江、花荣等人遇见两个持方天画戟的年轻人（各带一班人马）在空旷场地上单挑，不分胜负。花荣使用神箭，射开二人纠缠在一起的兵器，获知二人分别是潭州的吕方、西川的郭盛，他们出外经商折了本钱，就在此地落草为寇，互不相让。宋江劝和，这两拨人马也加入前去梁山泊的队伍。

在一家酒店，宋江与石将军石勇相识。此人靠放赌为生，因为赌博方面的纠纷打死一人，流亡江湖，曾经在柴大官人庄上躲避一段时间。

石勇转交宋江家书，家书称宋江老父亲去世，宋江打算即刻还乡奔丧，留下书信一封给梁山晁盖等人。

花荣等人上了梁山，一时山寨人气更旺。为显示自己的本领，花荣射中飞雁。梁山泊二十一位头领重新排座次。

宋江回到家里，却知道老父亲并未去世，只是老父亲担心宋江落草，故而让宋清写信赚他回来。因为新近册立皇太子，宋江估计会获得赦免或减罪，判处徒流刑。

一更时分，宋家庄四周火把通明，官军前来捉拿宋江。

点评

宋江的领导才能在这几回得到充分的展现。如果从管理学或军事指挥艺术等方面来看，大宋朝确实在无意间遗漏了一位罕见的人才。

但是，从法律层面来看，宋江却因此走上与官府作对的道路上，实为十恶不赦的罪人。

清风寨本来是为维持当地的治安而设置，主要因为宋江的缘故已经不复存在。此时尚存的为数不多的寨兵和老百姓因为黄信已经投降了的原因，被宋江下令不得伤害。这也说明这时的宋江并非穷凶极恶之徒，还有悲悯之心，不至于赶尽杀绝。

至于刘高之妻，宋江、燕顺等人是不会再有姑息之心的，矮脚虎王英也只能"被众人劝了，默默无言"。或许，作者认为这样处理是合乎自己心目中的公平、正义的。

宋江等人作伐，秦明再婚，娶了花荣的妹子，算是对秦明的一种补偿或宋江对于自己承诺的兑现。一切看起来似乎都很美好，只是已经牺牲的众多无辜者就此被一笔带过，不再提及。我们也不能够指望《水浒传》的作者谴责自己塑造的主要英雄人物。

落草为寇在当时似乎是一种非常容易发生的事情。前述清风山的燕顺、郑天寿等人如此，这一回中新出现的吕方、郭盛等人也是如此。水浒英雄中的某些人在加入强人行列之前，已经是负案在逃的罪犯了。例如，作案前的矮脚虎王英本来是一位车家，因为劫了客人的财物被捕，之后越狱潜逃。那位以放赌为生的石勇，可能只是因为赌博方面的纠纷就可以将对方一拳打死，而且潜逃后在柴大官人的庄上躲藏多日居然可以安然无事。如果石勇所述不虚，则那位柴大官人在庇护林冲这样的遭遇不公正对待的人士的同时，也窝藏了一些像宋江、石勇这样的在逃犯，实际上已经严重触犯了当时的法律。

宋江见到家书后的反应说明此人心中还有孝顺之意。

宋父不希望自己的儿子与不法之徒纠集在一起为非作歹，做个"不忠不孝的人"，故而让宋清在家书中假称宋父已经去世。

宋父的希望是乘着朝廷册立皇太子之际，宋江能够获得减轻罪责的机会。这种可能性不仅存在，而且还非常大，后来事情的发展证明宋父的想法基本正确。当然，就中国古代的赦免而言，其无疑是皇权高于普通法律规定的一种体现，不无积极作用，但也存在对常法冲击的消极影响。近年来，国内相关研究不少，且较为深入。例如，有的文章认为，在专制皇权之下，赦免非但不能够弥补法律的不足，反而会凌驾于法律之上，使得法律成为一纸空文。[①]

[①] 参见袁文超：《中国古代赦免现象分析——古代皇权凌驾于法律之上的侧面考察》，河北师范大学硕士学位论文，2016年。

36. 梁山泊吴用举戴宗　揭阳岭宋江逢李俊：刺配江州

第三十六回故事梗概

郓城县现任两位赵姓都头率领一百多名士兵包围宋家庄，宋江自料与这两位没有交情，难以逃脱，束手就擒。

次日，宋江被押到县衙，知县时文彬令宋江自书供状，宋江当下一笔供招：不合于前年秋间，典赡到阎婆惜为妾。为其不良，一时恃酒，争论斗殴，致被误杀身死，一向避罪在逃。今蒙缉捕到官，取勘前情，所供甘罪无词。

知县教暂押监牢监候，宋太公上下打点，知县有心为其开脱。此时，阎婆已去世半年，没了苦主。张文远也不会出头。六十日期满，结解上济州府听断。济州府尹看了申解情由，赦前恩宥之事，已成减罪，将宋江脊杖二十，刺配江州牢城。

宋江告别父亲、宋清而去，少不了置酒款待和赍发两位押送公人。

宋太公交代宋江，切切不得与梁山泊来往，做不忠不孝之人。

宋江与两个公人想趁早从小路绕行，却不料吴用在四处安排人马守候。刘唐等到宋江，要杀两个公人，被宋江拦住。

晁盖等人盛情款待宋江，感谢并极力拉他入伙，宋江坚辞不就。

吴用推荐江州牢城营戴宗，梁山给宋江金银一盘，两个公人银两二十。

在揭阳岭一家酒店，宋江银两招致店主觊觎，宋江与两个公人被蒙汗药麻翻，幸亏混江龙李俊等人专程等候，及时赶到，救了宋江及防送公人。

点评

宋江杀了阎婆惜，使得自己在很长一段时间浪迹江湖，结交匪类，做下不少足可杀头的大罪。但是，一封父亲去世的家书却使得宋江急速赶回家，看来此人毕竟心存仁孝之心，由此中断了其进一步危害社会的可能。

郓城县知县时文彬安排新任都头拿获宋江，说明这名知县基本称职。两名赵姓都头严格执法，或许刚好说明在人情社会中，在没有人情的时候大家也可以做到铁面无私。

这里必须说宋江的运气比较好。此时朝廷册立皇太子，新一任赦免活动开始，宋江由此获得减轻罪责的绝好机会。而且，宋家不缺钱，金钱在这个时候再次发挥作用。还有一个好消息就是：阎婆已死去半年，死者这一方没有了苦主，宋江少了许多的麻烦。那位张文远此时也没有适时出现。

作为一方乡绅的宋太公对于朝廷无疑是忠诚的，其正统的忠孝思想对于宋江不无影响力。所以，即便是后来躲不开梁山泊晁盖一伙的纠缠或极力拉拢，宋江还是做到了坚决不加入，而是老老实实地来江州牢城营服刑。后来（包括之前宋江与武松的私下谈话）宋江极力主张接受朝廷的招安，与这种正统的忠孝的观念均不无关系。

揭阳岭酒店主人的行径再度说明，小说中开黑店的不只有十字坡的张青夫妇。这种骇人听闻的描述说明，北宋末年的社会治安确实令人担忧。

37. 没遮拦追赶及时雨　船火儿夜闹浔阳江：
　　路遇"三霸"与上下使钱

第三十七回故事梗概

宋江在揭阳镇上见到一个使棒卖药的汉子无人喝彩赏钱，便拿出五两银，不想却惹恼边上的某人。使棒卖药的那位汉子自称是江湖上的"病大虫"薛永，祖父是老种经略相公账下军官，因恶了同僚而不得升迁，子孙只得使棒卖药为生。

宋江想与薛永在酒店一叙，不想刚才被薛永打翻在地的某人已经吩咐不得接待。

宋江等人来到一家人家投宿，没想到却正是刚才那位对头的家。

见势不妙，宋江及两个公人不辞而别，赶忙去往江边，后面一伙人追来，艄公（后来知道是"船火儿"张横，专门在江上做杀人越货的勾当）也不怀好意。幸亏李俊等人赶到，宋江等人侥幸生还。李俊说出这一带的"三霸"：李俊、童威、童猛；张横、张顺；穆弘、穆春。宋江同"三霸"跟薛永相见。

宋江告别上述八人，投江州牢城营而来，见过江州知府（蔡京第九子）。两个公人交割，满意而回（虽是受了惊恐，但也赚了不少银两）。

宋江上下使钱，获得单身牢房待遇，一百杀威棒也免了，包括囚徒在内，大家都"欢喜宋江"。节级没有拿到钱，大骂宋江。

99

◎ "水浒""二拍"中的法律

> **点评**

  小说通过宋江的发配经历，从一个个画面清晰地反映出当时社会的某些较为隐秘的阴暗面。

  如果将宋江的武艺或者说战斗力与武松做一个比较的话，只能说完全不在一个档次上。

  武松的神勇及果敢、江湖经验等，使得他不仅足以自保，而且还可以管管"闲事"，干预自己看不惯的"飞天蜈蚣王道人"之类的行为，故意挑逗开黑店的"母夜叉"孙二娘之类的人物。就宋江而言，却难以有如此的从容。

  例如，在揭阳镇，宋江出于对使棒卖药的"病大虫"薛永的欣赏，赠与对方五两银。这种自愿的行为却遭到揭阳镇上的一霸"没遮拦"穆弘阻扰。而且，自认为吃亏的穆弘、穆春兄弟不仅阻拦酒家、店家对宋江等人提供食宿，更是要对之赶尽杀绝。

  浔阳江上也不太平。李俊口中的"三霸"之一的"船火儿"张横就几乎因为断定宋江随身携带金银不少，想要了他们三人的命。面对张横的威胁，宋江也缺乏基本的自卫能力。后来张横的自述可以清楚地表明，他们兄弟的第一桶金是通过不正当的手段得来的，这种逼迫坐船的客人以远超正常价钱付款的行为（原本五百钱，"定要他三贯"），实则涉嫌诈骗。后来有所不同的是，"浪里白条"张顺做了江州的"买鱼牙子"，张横却改行在浔阳江专门打劫过往客人，估计不乏人命官司。也就是说，张顺算是用第一桶金走上了经商之路，张横的违法行径却升级了。

  "混江龙"李俊、童威、童猛这一伙也好不到哪里去：贩卖私盐有之，杀人越货也有之。因此，从揭阳镇到浔阳江，通过宋江等人的奇遇，我们看到的是当时社会中的某些阴暗、险恶的状况，至少上述区域的治安情况令人担忧，"三霸"的相关行径其实与正常的法制已产生了剧烈的碰撞，并不乏违法犯罪之举。

在这一回，估计也就是依靠卖药为生的薛永强一些。但是，从薛永的自述来看，薛永的祖父失去了军官身份之后，父亲和他两代人即沦落为行走江湖的卖药人，虽有一身武艺，却也只能够混个温饱而已。如果我们的推断不错，那么，此时的薛永实际上是一个流民，此类人有些本事，如果使用得当会有利于社会。否则，对于当时社会潜在的危害性不容小觑。

宋江的优势当然是其作为领袖人物的气质和能力以及对于人性精准的把握。这种几乎一流的领袖气质和能力使得他在前面的故事中（如指挥清风山的燕顺一伙、清风寨的花荣以及后来强拉秦明入伙等）有上乘的表现，因而也含有更大的反社会、反法制的破坏性。在这一回，这种气质和能力使得其最终能够聚合李俊等众多的江湖好汉在自己身边。当然，这种出众的聚合力如果用之不当的话，极有可能危害社会。

金钱依然是可以给宋江带来种种极大便利的一种不可或缺的重要因素或工具，也使得其在江湖上远近闻名。两个防送公人欢喜而去，是因为金钱；江州牢城营上下"喜欢"宋江，也是因为其到处打点；那位此时尚蒙在鼓里的节级戴宗之所以大骂宋江，也是因为宋江故意不给他好处。

对于不缺钱的宋江来说（宋江的金钱应该不是来自其微薄的俸禄，这种不高的收入在其潜逃期间不会继续给付；其家底较厚，但也不可能随时随地就有。那么，其不缺钱主要就是出自梁山泊江湖朋友的赠与。但是，这种赠与却来历可疑，其中不合法的可能性甚大，如智取生辰纲后晁盖一伙的赠与、路过梁山泊坚辞不就后众头领的赠与等），如果没有金钱做后盾，其魅力无形中会减少许多。当然，如果一个社会奉行金钱至上的话，那它就必然是一个缺乏正义和法制的社会。例如，我们看到，因为上下送钱，宋江可以有单独的牢房、省去一百杀威棒、从狱卒到囚徒大家都喜欢宋江。

38. 及时雨会神行太保　黑旋风斗浪里白跳：
　　江州城的另类囚徒

> 第三十八回故事梗概

江州两院押牢节级①戴宗索要常例费（通常新的配军每人五两银），宋江故意不给。二人独处时，宋江说出吴用姓名。

神行太保有过人之处（绑上甲马，可以日行八百里）。

二人正在喝酒、私聊，李逵出现。

李逵接过宋江十两银，转身在赌坊输掉，抢银二十两，宋江帮忙还钱给赌坊。

三人在琵琶亭酒馆聚餐。

李逵想给宋江弄条活鱼做汤，与贩鱼的众人发生殴斗。张顺赶来，不是李逵对手，宋江、戴宗拉住李逵。

张顺再来挑战，李逵在水中不是其对手。戴宗、宋江劝阻，四人重摆酒吃鱼。

李逵嫌卖唱女吵闹，将其打昏在地。

---

① 南开大学文学院的宁稼雨教授认为，节级原本属于宋代军队中的官名，后来借用来指称监狱中的看守长。"节级""院长"均不是正式官名，正式官名应该是"押狱"。信息来源：http://blog.sina.com.cn/s/blog_56aa16eb0100x3if.html，访问日期：2020-03-03。

一、"水浒"中的法律

> 点评

这一回小说让我们对于宋代的监狱官职和个别较为特殊的囚徒有了进一步的认识。

神行太保戴宗应该是江州牢城营中的一个看守长,所谓"院长""节级"都是对其的一种尊称,其地位应该在差拨之上、管营之下。这个地位不算高的看守长也不是吃素的,针对每个新来的配军收常例银五两,基本上属于公然索贿。戴宗索贿不会只是个别的情况,而是当时监狱中的一种非正常的常态化的表现。近年的相关研究也表明,宋代的牢头狱卒索贿成风,林冲、武松、宋江三人的狱中遭遇即比较典型。[①] 宋江之所以敢开他的玩笑,不给他好处,是因为知道其与梁山泊有暗中往来。

按照戴宗的介绍,李逵属于一个小牢子,也就是监狱中低级的看守。此人祖贯沂州沂水县百丈村,因为杀人潜逃一段时间,虽遇赦宥却流落江州,不再还乡。我们看到的李逵好打抱不平,好酒好赌,为人粗鲁无礼,没有什么文化(估计没有什么机会接受文化教育),好惹事,但较为刚直。此类人员能够在江州牢城营做牢子,或许今天的我们不太好理解。也可能在当时的社会,低级的狱卒一般人不会或不愿充任。

通过李逵在这一回的种种经历,我们可以窥见小说中的江州城的某些生活场景。例如,赌坊是公开开设的,聚集着一批赌徒,可见赌博在当时是允许的,在法律上没有问题,参赌人员的社会地位大致相当。[②]

如果我们将当时的赌博活动视为一种法律上并不禁止的消费活动的话,那就意味着所有的参赌人员应当遵守相应的赌博规则。就赌坊中的李

---

① 关于《水浒传》折射出来的宋代监狱管理方面的情况,参见陆仁茂:《从〈水浒传〉看宋代的狱政制度》,《广东开放大学学报》2019年第3期。
② 关于宋代的赌博方面的研究,参见秦开凤:《宋代文化消费研究》(陕西师范大学博士学位论文,2009年)中的第二章第四节。秦开凤的博士论文将宋代的赌博分为球类、弈棋类、钱币类等多种类型。总体上来看,宋人比较好赌,赌铺或赌坊比较常见,参与赌博的有上至帝王将相,下至普通百姓及地痞无赖,无所不包。

逵而言，旁人的说法就是"赌直"。换言之，通常情况下，李逵还是能够遵守赌坊规则，愿赌服输的。但是，拿到宋江给的十两银的李逵在这一回却不再"赌直"，而是耍起无赖，因而与赌坊的人及其他赌徒产生纠纷。

商业活动中讲究的是公平合理、自愿平等，我们在小说中看到的李逵却时有惊人之举。酒保实言相告，称店里没有牛肉，只有羊肉，这位李逵即将手中的鱼汤浇到对方身上。此种蛮横的行径与土匪何异。

再看李逵为了讨好宋江吃上鲜鱼汤，不待"买鱼牙子"张顺到来即强抢，导致渔民的一舱活鱼尽数溜走。如果今天来处理，这种行为应当属于寻衅滋事，情节严重的构成犯罪。

之后李逵与众多的渔民以及张顺的打斗均是不合乎法律规定的行为，放在今天的话极有可能是扰乱社会治安的行为。至于李逵造成的他人损失，理应由其赔偿。当然，考虑到后来二人不打不相识，双方实际上不会再追究对方的责任。但是，这种"私力救济"的举止显然与法制社会的目标相去甚远。

至于之后因为卖唱的小姑娘打断其话头出手伤人之事，李逵显然已经触犯了法律，这也是酒店主人坚持"要去经官告理"的原因。

宋江当然是这一回故事中抢眼的人物，是一位十分另类的囚徒，其特殊的身份或曰江湖地位使得监狱中的中低级看守人员戴宗、李逵等人都得围着他转，以他为核心。而且，作为一名在押囚徒，宋江却可以如同自由的文人雅士一般，行走在北宋年间繁华的江州城，尽情享受美好的生活。

39. 浔阳楼宋江吟反诗　梁山泊戴宗传假信：因言获罪的讨论

第三十九回故事梗概

李逵伤了卖唱的女子宋玉莲，宋江取银二十两算是赔罪，再送五十两银给李逵"自用"。

宋江贪吃鲜鱼生病，痊愈后进城寻戴宗、李逵、张顺不遇，信步走到浔阳楼酒楼。宋江独自饮酒，不觉大醉，在酒店墙壁上题写反诗一首，并在后面留下"郓城宋江作"五个大字。回到牢城营沉睡，全然不记得上述情节。

江州对岸的在闲通判黄文炳一日来到浔阳酒楼，看见宋江的题诗，抄写下来，并嘱咐酒保不要刮去。次日去蔡九知府后堂，蔡提及天象、童谣与不祥之兆的联系。黄文炳提及宋江写反诗，认为前述童谣正应在此人身上。知府找来牢城营犯人名册，新到犯人宋江姓名赫然在目。知府随即升厅，唤戴宗带人前去捉拿宋江。

戴宗借故提前通知宋江，让其"诈做风魔"。黄文炳建议知府核实，宋江"吃拷打不过"只得招供，被直接打入死囚牢中。

黄文炳建议知府给父亲蔡京修书，请示对于宋江的处置意见（押赴京城或就地斩首示众），知府决定派戴宗前往。

戴宗行前，吩咐李逵照看宋江。戴宗路过朱贵酒店被麻翻，随身携带知府家书被搜出。吴用设计，梁山以重金各五十两银赚得圣手书生萧让、玉臂匠金大坚及其家眷上山，后者冒充蔡京回信。戴宗持假信而回，吴用叫苦不迭。

105

◎"水浒""二拍"中的法律

> 点评

  这一回就法律上来说,主要涉及这么几个问题:

  (1)急躁的李逵因为卖唱女宋玉莲无意中打扰其谈话,反应过激,出手伤害对方。因为后果不是很严重,被害人当场苏醒,因而李逵不构成故意伤害。但是,其对伤人或侵害他人身体的行为应当承担相应的侵权责任。这种责任的承担可以适用赔礼道歉、赔偿等形式。当然,我们不可能指望故事中的李逵承担上述责任。最终这件事情没有"经官动词",是因为宋江对此做了妥善处理,赔偿及时到位,被害人及其父母感到满意。

  (2)宋江醉后题反诗的问题。宋江酒醉,在浔阳楼酒楼墙壁题写反诗,实际上反映了宋江怀才不遇等的胸中压抑之情。此种情绪本身如何我们这里不予分析,单就其书写反诗的行为本身而言,不能够因为是醉酒状态下所为即不予追究。

  因言获罪的情况在我们今天认为政治较为开明的宋代也是存在的,较为典型的就是王安石变法时期的所谓"乌台诗案"。这个案件在现在被认为是一个冤案,而在当时却是一个惊动朝野的大案、要案,对于苏轼本人的影响甚大。有学者对于该案产生的原因及实质进行了较为详尽的分析。[①]

  当然,宋江这首主要发泄郁闷心情的诗是否一定属于反诗完全可以讨论。而且,酒店墙壁上多有"先人题咏",且店内酒保并不反对这种到此一游的遣兴抒怀。在黄文炳之前,看到这首诗的人估计不会是少数,也不会将其上升到反诗的层面。黄文炳为何成为"在闲通判",小说中并无清楚的介绍。但是我们知道,作为一种官职,通判始于宋初,既是州郡官的副职,与州郡官一同处理政事,又兼有监察官的性质,是兼行政与监察于一身的中央官职。[②]

[①] 参见涂普生:《漫说"乌台诗案"》,《黄冈职业技术学院学报》2015年第4期。
[②] 参见搜狗百科"通判",访问日期:2020-03-04。

一、"水浒"中的法律

《水浒传》提到黄文炳是一名在闲通判,意味着其不在任。但是,此人不甘于赋闲在家,还想东山再起。而要东山再起,不外乎借助他人上位,需要有一定的表现。所以,宋江酒后题诗在墙,可以说刚刚好给黄文炳这样的人提供了一次绝好的机会。巧上加巧的是,宋江服刑期间的江州知府是当朝太师蔡京的第九子。① 于是,联想到之前不久流传于京城(东京)的不祥瑞的天象和童谣即"小儿谣言",通过黄文炳的刻意解读,在押囚犯宋江就成为一名危险人物,急需捉拿。

捉拿宋江不是问题,而且,经过了蔡九知府的亲自审理。至于使用了刑讯逼供的方式取得嫌疑人口供的行为,在当时却并不违法。但是,这里我们要说的是,客观上看来,宋江酒后题写的诗应该不算什么反诗。

(3)在"反诗"事件之前,宋江作为一名在押囚犯,其逍遥自在的生活应该不属于正常的状态。在小说中,身为配军的宋江理应待在江州牢城营中服刑。但是,因为有钱、有人暗中相助,宋江在题写"反诗"之前一直是比较逍遥自在的,与享有自由的平民百姓没有什么区别,是一名另类囚徒。这种情况的出现说明当时监狱的管理存在严重的问题,监狱管理者一方是难以推脱责任的。

(4)"神行太保"戴宗其人,身为监狱管理人员而公然索贿,代表着当时狱政的黑暗与腐败的一面。其与梁山泊吴用等人暗中联系,与囚犯宋江明来暗往、称兄道弟,显然与一名监狱管理人员肩负的职责和身份不相符合。在宋江"反诗"案件中,戴宗更是尽其所能,极力为宋江掩护,直接与梁山联系,争取搭救宋江。戴宗的种种行为表明,其在江湖义气与国家"法度"之间,他选择了前者。

(5)监狱管理中的黑暗的另外一面再度呈现在读者面前,那就是,囚犯的基本生存权利在有的时候是无法保障的。例如,宋江题写"反诗"后被押在死囚牢里,此后没有人提供饮食,只能由戴宗和李逵等人相助。

---

① 近年来国内相关研究表明,蔡京并无所谓第九子。参见"趣历史":《蔡京与蔡襄是什么关系?蔡京有几个儿子?》,访问日期:2020-03-04。《水浒传》中"增补"江州知府蔡德章为蔡京第九子,估计其意在于增强小说的生动性以及蔡京权倾朝野的影响力。

107

40. 梁山泊好汉劫法场　白龙庙英雄小聚义：
　　关于宋代的死刑

> 第四十回故事梗概

吴用发现萧让、金大坚假冒的蔡京给蔡九知府的回信有破绽，此时追赶戴宗已来不及，建议梁山泊人马分批化装去江州劫法场。

蔡九知府将蔡京回信展示给前来拜访的黄文炳，后者表示怀疑。知府细细审问戴宗，获知真相，将戴宗打入大牢，择日与宋江一同"押去市曹斩首"，同时想亲自保举这位在闲通判。

当案黄孔目与戴宗有私交，借口忌日，建议行刑日期推迟到五日后。

第六日早晨，六七十名狱卒从牢房中推出宋江、戴宗，押赴市曹，"只等午时三刻，监斩官到来开刀"。在围观的人群中，在不同方向上分别有一伙乞丐、使枪棒卖药的、挑担的脚夫、推车的客商挤进人群。正要开刀问斩之时，黑旋风李逵先动手，梁山泊一百多人齐发力，劫了法场，救出宋江、戴宗。

宋江、晁盖以及后来赶到的张顺九人共计二十九人在白龙庙小聚义。

江州军马来追，李逵一马当先迎敌。

> 点评

梁山泊好汉劫法场应该是这一回故事的一个主线。

一、"水浒"中的法律

宋江因为在酒醉状态下题写"反诗"被知府判处死刑，押在死囚牢中；戴宗因为勾结梁山泊强人，假造蔡京回信，欲搭救宋江，也被判处死刑，押在大牢。

这里，首先需要讨论的是戴宗一案的证据。关于戴宗勾结梁山泊，知府一方是难以取得相关证据的，仅仅是某种推断和刑讯之下嫌疑人的口供，尽管刑讯逼供在当时并不违法。能够取得戴宗案件突破口的就是蔡京的"回信"，在这方面，蔡九知府起先并无怀疑，而是那位精明老练的在闲通判黄文炳的发现。这位宋江人生中的克星，在事物的判断和案件的审理方面确实具有超出庸常官吏的能力。

相关研究显示，在宋代，死刑案件的审理有其严谨的一面。为了防止冤案发生，统治者建立起较为严密的审判程序，以促使官员对案件审判做到客观公正。死刑的执行程序也有严格的规范和监督，犯人有申冤的权利。基于仁慈宽厚、重视人命的考虑，当时有一系列宽贷死囚的减刑措施。当然，宋代的死刑执行方式除了法定的斩、绞之外，还有在法律中增加的"重杖处死"。凌迟出现在北宋，南宋成为法定的死刑。① 这种做法，无异于死刑的倒退。

此外，宋代君臣对于死刑的设置与微调往往以缩小死刑数量为中心。例如，元丰八年（1085）判决死刑的人数是2091人，当年奏裁的146人中获得贷配的就有121人。②

在前朝经验的基础上，宋代对于死刑其实有着较为严格的复核制度。简言之，元丰改制前，州府一级对于死刑案件拥有较大的终审权；元丰改制后，这种权力受到中央政府较强的控制。③

近年来国内相关研究显示，宋代每年判决的死刑较多（相对于唐朝），但真正执行的仅占十分之一左右。死刑案件执行率低是宋代行仁政、法制

---

① 参见卢祎：《宋代死刑制度研究》，西南政法大学硕士学位论文，2016年。
② 参见张守东：《人命与人权：宋代死刑控制的数据、程序及启示》，《政法论坛》2015年第2期。
③ 参见李雪蓉：《宋代死刑复核制度研究》，吉林大学硕士学位论文，2016年。

较为健全的表现，但也反映出权威性缺乏、威慑力不够的问题。此外，对于贼盗、杀人犯等判处死刑的比重比较大。但地方初审官员的失误可以得到大理寺复核订正。① 以此来对照宋江、戴宗的死刑案件及其执行，我们有理由怀疑其缺乏死刑复核这一重要的程序。

　　回到《水浒传》我们发现，宋江在浔阳楼酒楼题写"反诗"的定性至少存疑。当然，宋江的诗中提到唐末农民起义的黄巢并有"他年若得凌云志，敢笑黄巢不丈夫"之句，却有令人生疑和引发联想的空间。古代社会没有我们今天的言论自由一说，因言获罪的事例绝非不存在。前述北宋的"乌台诗案"就是典型。

　　戴宗在履行职务的过程中私拆和伪造官府书信的行为确实存在，但并没有扎实的证据表明其与梁山泊强人勾结。或者说，戴宗死罪的定性同样存在疑问。而且，这里最大的问题是均没有给予上述二人申冤的机会，二人申冤的权利在无形中被剥夺了。更重要的是，宋江、戴宗的案件应该是发生在元丰改制后，江州知府不可能不清楚中央政府对于死刑案件复核的规定。

　　对于法场行刑的流程，小说做了较为细致的描述。由于古代死刑的执行场所不少是放在公共场所，包括所谓"市曹"（即经商地带），原因几乎无一例外的是给旁观者一个深刻的印象，借以震慑某些潜在的危害社会分子或展示法律的威严与公正。因此，观看死刑的执行成为大多数民众的一种娱乐或消遣方式。这种情况在古代乃至近现代的中国不乏其例，在近代的英国也比较盛行。例如，19世纪英国著名作家狄更斯、萨克雷等人的笔下就有相关的描述，尽管狄更斯等人对于死刑公开执行以及死刑本身的残酷性是持抨击态度的。②

---

　　① 参见杨高凡：《宋代大辟研究——从宋代死刑的执行率角度考察》，《保定学院学报》2014年第1期。
　　② 关于狄更斯与萨克雷对于英国当时死刑执行的态度，可参见 Philip Collins. *Dickens and Crime* (Third Edition), Macmillan and St. Martin's Press, pp. 220 – 255. 当然，狄更斯等人并不反对死刑本身，而是主要反对死刑的公开执行。这种呼吁终于在1864年后取得成效。此后，英国死刑不再公开执行，而是改在监狱内处死死刑犯人。

在《水浒传》这一回劫法场的过程中,有一个人的表现十分抢眼,他就是黑旋风李逵。① 其不分青红皂白地肆意杀人达到疯狂的地步,即便是身为梁山泊一号人物的晁盖也不赞同。这种草菅人命的做法当然应该受到抨击。

---

① 当然,这种劫法场的真实性已经遭到现代学者质疑。参见张建伟:《四窥〈水浒传〉的法律世界》,《人民法院报》2013年3月29日第5版。对此,我们还可以进一步讨论。例如,江州针对宋江、戴宗的死刑执行的事先安排基本上漏洞不大,但是,维持秩序的兵力的投入却显得过于薄弱,与据称拥有五千以上军马的江州不相匹配。须知梁山泊来到江州法场的人数不过一百多人,如果投入比对方多得多的兵力,对方不要说劫法场,反而有可能被一举擒获或大部分被歼灭擒获,蔡九知府岂不是由此建功立业。再者,如果蔡九知府不是因为受到那位黄孔目的避讳或忌日之说,尽快执行死刑,宋江等二人的人头也就早已落地。多年前学者在讨论《水浒传》的这一段故事时即涉及从梁山泊到江州的行程及其需要花费的时间问题。搜狗地图显示,从水泊梁山到江州的距离是2025公里。以当时的交通条件,五天内是不可能步行或骑马到达的。信息来源:搜狗搜索,访问日期:2020-03-05。

41. 宋江智取无为军　张顺活捉黄文炳：
　　值得注意的非理性色彩

第四十一回故事梗概

梁山泊一百多人劫了法场，救出宋江、戴宗，会同后来赶到的张顺等人（也是打算劫法场的，只不过迟了很多。估计他们赶到法场时，宋江、戴宗早已人头落地）白龙庙小聚义。江州军马据称五七千人追赶而来，李逵不等号令杀出迎敌，其他英雄紧跟。江州马军被射死一人，其他马军转身即走，步军受到惊吓者不计其数。众多好汉一直追至江州城下，官军紧闭城门数日不敢开。梁山英雄整点人马，开船离开江州，投穆太公庄上来。

宋江衔恨黄文炳，薛永主动请缨打探其住处。两日后，薛永带回外号"通臂猿"的侯健（裁缝，喜好枪棒，薛永曾经的徒弟，现在黄文炳家里"做生活"），后者讲述江州死伤兵民五百余人，陷害宋江的是黄文炳其人。宋江决定设计报复黄文炳。

梁山一行人乘夜混入城中，借机纵火，杀了黄文炳一家四十余口，财物洗劫一空。邻居、军汉前来救火，被梁山好汉或杀或吓退。

黄文炳从知府处得知住宅一带失火，急速乘船来看，途中被抓获。

李逵杀了黄文炳，之后开膛取出其心肝给众位头领做醒酒汤。

宋江此时不得不入伙，将梁山人马分为五拨，依次回山。

宋江等人路过黄门山时，遇到欧鹏等四位好汉率领四百余人拦截。宋江下马跪地求饶,欧鹏等人闻知是宋江,随后烧毁山寨,加入梁山。

金沙滩上,晁盖请宋江坐第一把交椅,后者坚辞不就。至此,梁山头领有四十位,分主位和客位就坐。

宋江计划下山。

点评

如果小说所述属实,那么,江州无为军的战斗力真的值得怀疑。

根据相关研究,首先,无为军在宋代历史上确实是存在的,它始设于北宋太平兴国三年(978),治所在巢县巢口镇(今安徽无为无城镇),领巢县、庐江两县。据说宋代著名书法家米芾曾经担任过无为知军。[1]

我们知道,宋朝的军队大致分为禁军与厢军、乡兵三大类。其中的禁军属于中央军,战斗力最强。当然,这是相对于地方部队而言的。北宋建立后,其军队在统一中国的进程中发挥了较为重要的作用,使得其版图基本上保持在一个比较稳定的状态。但是,在与辽、西夏以及后来崛起的金的军事斗争中多处于劣势,却几乎属于一个不争的事实。其中的原因当然很多,比如说"重文抑武"的大环境、领导者的失误等,但军队战斗力的低下也是一个不容忽视的事实。[2]

回到我们的故事。《水浒传》中的"宋江智取无为军"攻打的应该是无为军管辖的部分军队,而非整个的无为军。而且,这一回所谓的"智取"色彩几乎不存在,主要是依靠宋江的弟兄们拼死向前,尤其是李逵等人的超强的战斗力。

无为军应该不属于中央禁军系列,五千人马对一百多人不可能输得如此之惨。所以,仅就人数来看,对手不会有五千以上。双方人数对比应当

---

[1] 信息来源:搜狗知识,访问日期:2020-03-05。
[2] 关于宋代(尤其是北宋)"崇文抑武"的问题,国内学者有较为深入的研究。参见陈峰:《试论宋朝"崇文抑武"治国思想与方略的形成》,载张希清、田浩、黄宽重、于建设主编《10—13世纪中国文化的碰撞与融合》,上海人民出版社2006年版,第350—370页。

◎ "水浒""二拍"中的法律

相差不大。当然，按照小说的描写，梁山兄弟劫法场是去拼命的，无为军一击就垮，死了一个马军大家就怂了，纷纷后退，而且导致步兵被冲击。如果是这样的情况，军队即便是人数众多，也只能算是乌合之众或平时训练严重缺乏，要不就是平时根本就没有训练，也可能战时上战场的就是些冒名顶替之辈。① 北宋之所以军队素质低下或缺乏战斗力，原因可能就是"重文轻武"的大环境造成的，此中教训令人深思。②

劫法场当然属于严重犯罪，与官军作战同样也是如此。为泄私愤，宋江等杀害黄文炳一门四十余人，应该是灭门之祸。家人何罪之有？宋江等人在这里的所作所为，与我们今天一再否定的株连又有何异？放火焚烧黄家房屋，并杀害和阻止兵民前来救火，均为梁山一伙的累累罪行。到这个时候，宋江等人的罪行已经是辩无可辩了。

至于小说这一回描写宋江等人抓到黄文炳之后，对黄文炳采用的私刑无异于凌迟，且在他被害之后，将其心肝挖出做醒酒汤，实际上说明宋江等人已经没有丝毫的人性可言。

现代学者对于《水浒传》中的血腥描写多有批判。③ 如果这种血腥与滥施暴力的做法只是作者的夸张或想象，这也就仅仅停留于文学创作的层面。如果它是真实的历史再现，那么，宋江等人就无异于丧心病狂的匪徒。

当然，我们现在多半认为，《水浒传》是一部演义小说，掺杂了太多的虚构和夸张的成分。一百单八将多数是虚构的，他们的故事很多也是虚

---

① 近年国内学者对于北宋军队战斗力低下的原因进行了研究，认为宋朝"崇文抑武"的政治环境，重物质、轻精神的激励机制的特点等是造成当时军队士气不振甚或低迷的原因。参见钱俊岭、许丞栋：《从激励机制探究北宋军队羸弱之原因》，《河北学刊》2017 年第 4 期。

② 关于宋朝的"军制"及其不足与演变等，参见邓广铭、漆侠、朱瑞熙、王曾瑜、陈振著：《宋史》，中国大百科全书出版社 2011 年版，第 116 – 122 页。值得注意的是，南宋时期，由于宋金对峙，南宋对于自己的正规军进行了重组，由此提高了军队的作战能力。特别是南宋的水军，发挥了较为突出的作用。

③ 例如，"小说阅读君"的文章《扒心开膛！挖心掏肺！水浒女性死得真惨，施耐庵与女人有多大仇？》，信息来源：https://www.sohu.com/a/226497131_553960，访问日期：2020 – 03 – 05。

一、"水浒"中的法律 ◎

构和夸大其词的、变形的。① 不管怎么说,《水浒传》宣扬快意恩仇、渲染暴力与血腥以及非理性等,不少的描述与文明相左,与法制相对,与人性为敌,与真善美相去甚远,与其标榜的"替天行道"的口号存在很大的距离,这是今天的我们需要注意和警惕的。

---

① 例如,《〈水浒传〉是一部什么类型的小说?》这篇文章对于《水浒传》这部小说本身展开了一定的讨论。信息来源:百度知道,访问日期:2020-03-05。

42. 还道村受三卷天书　宋公明遇九天玄女：
　　官府在行动

第四十二回故事梗概

宋江欲回家"搬取老父上山"，宋清称郓城县两个赵姓都头对宋家监视居住，"只等江州文书拿来"，就捉拿宋太公和宋清，有一百多士兵日夜"巡绰"，请宋江赶快与梁山兄弟一道解救。

宋江不敢回家，转身离开，后有追兵。慌不择路间，宋江逃到还道村一座古庙中。赵能率士兵来搜，神明暗助宋江，众官兵退至村口守候。在古庙中，九天玄女娘娘款待"星主"宋江，授其天书三卷（只可与天机星同看，"功成之后，便可焚之，勿留在世"），传其四句天言。宋江醒来，天书等还在，发现原来此庙是"玄女之庙"，救他的就是玄女娘娘。

离庙不远，只听得后面一片喊声，原来是晁盖派遣李逵等人前来救命。宋江父亲、宋清已被晁盖遣人安排上山。

公孙胜决定回蓟州看望老母亲，李逵也有意接老母亲来梁山。

点评

除去这一回中的超现实主义的描写，涉及法律的内容也不少。

例如，宋江刺配江州后的事情传到郓城县，惊动了官府，由此引发其父亲和兄弟宋清受到牵连，本县的两个赵姓都头带领士兵"巡绰"实际上是对作为犯罪分子家属的宋家人限制自由。按照宋清的话来说就是"管定了我们，不得转动"。至于为什么不直接将宋父以及宋清抓到官府衙门，那是因为需要等"江州文书"到达，另外一个原因就是等候宋江到来伺机活捉。

以上信息以及之后官兵针对宋江的追赶都可以说明：宋江在江州的犯罪行动已经惊动官府，对于这种严重的犯罪，官府当然有权予以打击。赵姓都头不同于前述朱仝、雷横两位，是在严格地执行法定的公务。至于受晁盖派遣下山、帮助宋江摆脱官兵追缉的李逵等人杀害官兵的行为，无疑是严重犯罪。

而且，等待"江州文书"到达，说明郓城县官府在依法履行自己的职责，并遵照相应的程序方面的规定行事。

这一回中出现的九天玄女娘娘主要起到危难之时拯救宋江、通过传授天书与天言等证明宋江等人之后行为的神奇性与正义性等。在中国上古的神话传说中，九天玄女娘娘一度是一位人首鸟身的女神形象，身怀军事韬略，法术神通，心怀正义，为商代始祖、天后、黄帝之师，地位仅次于西王母，曾助越亡吴，授薛仁贵五件宝物。[1] 当然，在《水浒传》中，九天玄女人首鸟身的形象得到很大改变，鸟身不再，而是一位风范十足的女神。

---

[1] 信息来源：搜狗百科"九天玄女"，访问日期：2020-03-05。

43. 假李逵剪径劫单人　黑旋风沂岭杀四虎：
李云都头的教训与无奈

> **第四十三回故事梗概**

李逵下山去搬取老母，宋江不放心，请其同乡朱贵随后相助。

李逵到达沂水县，听人念到通缉宋江、戴宗等人（包括李逵，赏银分别为一万贯、五千贯、三千贯）的榜文，朱贵赶到。朱贵自述在江湖上做客，消折了本钱，故而在梁山泊落草。朱贵之兄朱富与李逵结识。

李逵决定走小路，朱贵称小路多大虫、剪径强人，李逵无惧。

李逵遇到假冒自己的李鬼，杀伤对方，对方称自己有九十老母要赡养，不得已剪径。李逵饶过对方，助其十两银做本钱，"改业"。

李逵走到一户人家，请妇人做饭，李鬼后至，述说刚才经历。李逵大怒，杀了李鬼，妇人不知去向。李逵割了李鬼腿上肉下饭。

李逵回家，老母已眼瞎。其兄李达揭穿李逵做官谎言，负气而去。

李逵留下五十两大银背娘而去，李达与众庄客赶到，见银不再追赶。

在沂岭，李逵老母口渴，李逵寻水回来，发现老母被虎吃掉，李逵杀掉四虎，埋葬老母骨殖。

李逵下山，遇见众猎户，抬虎到曹太公庄上，李鬼女人认出李逵，告知其父母，后者私下找里正和曹太公。

曹太公设计，请人将李逵灌醉，密报沂水知县，后者令都头李云率领三十名老郎士兵前来捕捉李逵。朱贵、朱富得知，设计在李都头返回半途智取。

李都头及士兵被麻翻，李逵获救，三十名士兵均被其杀害，包括众多猎户、李鬼老婆及其父母等人。朱富阻止李逵杀其师父李云。

李云醒来追赶，与李逵拼杀。

点评

这一回在《水浒传》中也比较精彩，不乏惊心动魄的描写，如李逵在老母亲被害后怒而连杀四虎；有血腥与恶心的场面，如李逵杀死李鬼后的处置、杀害李云手下士兵三十人以及众多的猎户、李鬼老婆和其父母等。

李逵之所以能够在短时间内连续杀害上述这么多人，与他的一位帮凶"笑面虎"朱贵的设计暗算是分不开的。如果要追究相应的刑事责任，这位《水浒传》中不太起眼的朱贵及其兄长朱富肯定是这起极其严重的杀人案件的共犯。

这一回，概括起来讲，从当时的法律角度，我们可以略作如下分析：

（1）李鬼剪径，也就是拦路抢劫为生，自然是一种犯罪行为。现代读者则从中解读到"李鬼"为假冒伪劣产品或商标侵权行为等的代名词，与现代法律联系在一起。

（2）李逵大闹江州，杀人甚多，成为官府悬赏捉拿的通缉犯，而且赏银为三千贯。加上之前在沂水县杀人、负案在逃，理应捉拿归案，知县、里正等人均有相应的义务。

（3）李逵触犯法律，其兄李达也受连累。且听李达在老母亲面前诉苦"当初他打杀了人，教我披枷带锁，受了万千的苦。……前日江州行移公文到来，着落原籍追捕正身，却要捉我到官比捕。……"单从李达的这一说辞来看，宋代同样也是实行某种意义上的连坐法的。

（4）沂水县都头李云在执行公务的过程中缺乏足够的警惕性，被其所谓的徒弟暗算，三十名士兵以及众多猎户、围观群众均被李逵等人杀害。如果李云能够追击李逵，尚可以将功补过。此种教训无疑是深刻的。

（5）李逵杀人成性，几乎无人性可言。李逵残存的一点人性在听到李鬼为自己剪径辩护时表现了出来。当然，李鬼的辩解中提到"九十老母"需要赡养的话纯属欺人，完全经不起推敲。

（6）落草为寇的可能性在当时似乎很大。前面我们已经见识梁山中的不少人如此，这一回朱贵的自述同样说明了这一点，随后朱富被说服以及李云将会做的无奈之举也是如此。真正像林冲那样，以一个忠于现行体制的军官、遭人陷害而被逼上梁山的人比较少。换言之，梁山吸纳的多是之前负案在身的犯人，他们被迫上山是寻求一个法外之地。

44. 锦豹子小径逢戴宗　病关索长街遇石秀：
　　军汉、强人与异姓兄弟

第四十四回故事梗概

朱富劝架,李云、李逵不打不相识,大家一同去梁山。

吴用安排众头领各司其职,晁盖想念公孙胜,派戴宗去蓟州,后者在路上结识杨林,二人同行。在饮马川,戴宗二人遇到邓飞、孟康、裴宣,相约回来时一起去梁山。

戴宗、杨林继续前行,在蓟州偶遇押狱刽子杨雄从刑场归来。"踢杀羊"张保与七八个军汉骚扰杨雄,敲诈钱财,石秀路见不平帮助杨雄。石秀自述随叔父来外乡贩卖羊马,叔父去世,流落在此,卖柴为生。戴宗劝说石秀到梁山,并助其银两。

杨雄来答谢石秀,戴宗等人溜走。杨雄、石秀结为异姓兄弟。

杨雄岳丈潘公、妻子潘巧云见过石秀。

戴宗、杨林寻公孙胜不着,返回梁山,将饮马川一伙人马一同带回。

再说石秀。他帮助潘公开起肉铺。一日到外县买猪归来,见店铺关张,借故还乡。

点评

这一回主要涉及:

（1）宋朝的军汉。例如，"踢杀羊"张保及其同伙就是比较典型的军汉，从一个侧面反映出宋朝的募兵制出现的问题。根据近年学者的相关研究，募兵制确立于宋初，原本是将丁男招募为职业军人，国家免其赋役，供其衣食及家属生活，但却产生诸多弊端，如军人及其家属众多、消费国家财富，军人素质参差不齐，军队战斗力下降等。[1] 联系《水浒传》这一回来看，我们见到的所谓军汉几乎就等同于无赖，其行为涉嫌寻衅滋事，毫无军人应有的气质可言。

（2）饮马川邓飞等一伙强人的出现，说明北宋末年某些地方治安状况不好，已成法外之地。这些不法之徒可能会纠集在一起（例如，这伙人后来加入梁山），给社会造成更大的麻烦。

（3）小说中描写石秀的落魄及其后来的生存状态（叔父去世，只得在他乡卖柴为生）反映出当时的社会缺乏互助，更无福利保障制度可言。

（4）杨雄身为押狱兼刽子手，也会遭遇张保之流的骚扰，与路见不平拔刀相助的石秀结为异姓兄弟，除了所谓义气相投，也不乏互助的考虑。

---

[1] 参见罗驭文著：《浅析宋朝募兵制及其对维护统治的消极影响》，《文化创新比较研究》2017年第27期。关于北宋的募兵制，另参见张国刚、杨树森主编：《中国历史·隋唐辽宋金卷》，高等教育出版社2001年版，第246页。

45. 杨雄醉骂潘巧云　石秀智杀裴如海：
　　法里与法外

第四十五回故事梗概

潘公解释暂时歇业原因是为潘巧云前夫王押司做些"功果"。

石秀见到裴如海，心中生疑。

裴如海、潘巧云勾搭成奸，买通胡头陀、使女迎儿，约定乘杨雄去监狱值班时幽会。

石秀识破奸情，来州衙告诉杨雄。杨雄醉后大骂潘巧云，后者反而诬陷石秀。

石秀先杀头陀，然后杀掉裴如海。

卖糕粥的王公发现两具尸体，被众邻居扭住去官司陈告。

点评

小说中涉及的法律问题主要有婚姻家庭与杀人案件两个方面。

我们先讨论宋代的婚姻制度对于女性一方的规制或要求。近年来，根据学者的研究，宋代婚姻关系中，尽管不乏传统的男尊女卑及对于女性严格的贞操观的要求等，但女性在家庭中也具有一定地位和财产方面的

◎"水浒""二拍"中的法律

权利。①

  杨雄与潘巧云的婚姻属于一夫一妻。相对而言，如果我们推断无误，杨雄应该属于初婚，潘巧云则是在先夫王押司去世后再嫁给杨雄的。这种情况在宋代并非绝无仅有，而且二人的婚姻表面上至少不存在问题。

  问题出在杨雄身为衙门中的人，一个月倒有二十天需要值班。像多数梁山英雄一样，估计杨雄在女色上"也不打紧"。妻子潘巧云耐不住寂寞，与和尚裴如海勾搭成奸，且暗中时有往来。这种不正常的婚外情是对正常的婚姻家庭关系的破坏，不仅应当受到道德和舆论的谴责，而且会受到法律的相应制裁。

  但是，至少从《水浒传》的相关描写来看，潘巧云、裴如海并没有杀害杨雄的打算。

  石秀看破和尚与潘巧云的奸情，擅自杀人，且情节严重，自然是触犯了法律。

  众邻居扭送发现尸体的王公去官司陈告，似乎并无法定的义务，但却有帮助官府破案的效果。卖糕粥的王公在案发现场发现两具尸体，也需要撇清自己，并有作证的义务。

---

① 参见赵佩：《中国古代法关于女性婚姻的规制分析——以宋代为例》，《法制与经济》2015年第12期。

46. 病关索大闹翠屏山　拼命三郎火烧祝家店：逃亡路上的民事纠纷

第四十六回故事梗概

众人与王公一道到蓟州知府陈述案情。知府并未深入研究，认为是头陀、和尚互相伤害致死。有好事的子弟做成两支曲子，潘巧云心中明白，暗暗叫苦。

杨雄知道错怪石秀，二人设计将潘巧云骗上翠屏山问罪，并残忍地杀戮潘巧云和使女迎儿。

杨雄、石秀杀了潘巧云、迎儿，时迁紧随其后，一同去往梁山。

行至祝家庄，由于时迁的盗窃行为（偷杀店小二的报晓的公鸡），三人陷入新的麻烦，时迁被庄客捉住，杨雄、石秀逃上梁山。

点评

发生命案，而且是一案双尸，现场惨烈，给所在城市尤其是案发现场周围的居民带来的恐慌可想而知。对于这种命案和要案，官府当然责无旁贷，需要认真追究，查明真相。可惜的是，可能是限于当时的刑侦手段或技术，仵作给出的该案的定性缺乏准确性。

仵作在《水浒传》中出现多次，这一回亦然。相关研究表明，仵作在北宋早中期，主要是替人敛尸、送葬，以民间治丧者身份居多，成为官府

◎"水浒""二拍"中的法律

的下级（工作）人员大概始于南宋。① 例如，《水浒传》中武大郎死后，何九叔应该就是一名民间身份的仵作。在这一回裴如海、胡头陀二人被杀的验尸者的身份似乎已经不是民间的，而是听命于官府的仵作。知府不会有仵作的专业技能，当案孔目也不会具备这方面的技能，所以他们的说法不具有专业性，最终的验尸结果要听仵作怎么说。根据我们的了解，这里的这名仵作给出的结论是不准确的。

这一回的所谓杨雄"大闹翠屏山"，过于血腥的杀人场面及其描述，均与近代以来的人道主义、法制精神以及文明思想等背离，因而需要批判和唾弃。

传统中国社会是一个男权社会，如果夫妻关系紧张或者妻子一方出轨，男方有权通过休妻的方式解除双方的婚姻，"七出"就是提供给男方片面休妻的权利。而且，我们在前面已经提到，宋代允许离异。所以，如果妻子出轨证据确凿，杨雄是完全可以以休妻的方式解除其与潘巧云的婚姻关系的。这种既当"公诉方"，又做"法官"，再做"死刑执行人"并立即执行、"决不待时"的做法，与法制相去甚远，绝非是我们今天应该提倡的。本案中的另外一个被害人使女迎儿，其过错在于身为使女帮助主母与人通奸，同样罪不当死。因此，残酷地杀死两个孤立无援的女性并予以分尸，只能算是懦夫、暴徒之为，根本就不是什么英雄的勾当，而是人神共愤的行为，也使得这两位所谓的好汉再难立足于正常的人类社会。这个时候的他们实际上已经没有比上梁山做土匪更好的选择，属于某种意义上的自我流放和进一步的堕落。

二女被杀当然属于大案、要案，官府不可能不查验尸体、询问证人（潘公、在翠屏山下等候的两名轿夫）、提取证据等。在这个过程中，仵作再次登场亮相，发挥其应有作用。这一次知府迅速做出判断，并发下"行移文书"，要求捕获杨雄、石秀。

偷鸡盗狗之徒时迁中途加入，使得故事情节更为复杂。简言之，在祝

---

① 参见黄瑞亭、周安居：《我国仵作职业研究》（1），《中国法医学杂志》2012年第5期。

家庄，时迁盗窃公鸡的行为成立，不构成犯罪，完全可以适用民事纠纷案件自行处理。公鸡的主人店小二有权要求对方赔偿，这种做法本身没有问题，却因为要价过高显失公平或难以实现。也就是说，双方（尤其是公鸡被盗的店小二一方）没有很好地处理问题，而是有意无意地激化矛盾。

47. 扑天雕双修生死书　宋公明一打祝家庄：古代中国的基层自治

> 第四十七回故事梗概

杨雄、石秀逃出祝家庄，遇到一个熟人"没脸儿"杜兴，此人因为打死同伙的客人下狱，"监在蓟州府里"，杨雄"见他说起枪棒都省得"，故而相助。[①] 后来杜兴来到此地，给李家庄的"扑天雕"李应做主管。杜兴述说三个庄的基本情况。

杨雄三人请求李应帮忙去信释放时迁，祝家三虎不答应，声称要解上州去。杜兴代表主人，遭对方羞辱。李应大怒，率领庄客等人，"迳奔"祝家庄。祝彪斗不过李应，射箭伤了后者。

杨雄、石秀只得先上山。

晁盖欲斩了杨雄、石秀，然后攻打祝家庄。

> 点评

这一回故事主要围绕三个村庄盟约被破坏展开，矛盾在李家庄、祝家庄的主要人物之间爆发。这场矛盾如果能够为老到的祝朝奉、李应很好地掌控和消解的话，估计不至于发展到后来不可收拾的地步。

[①] "没脸儿"杜兴打死同伙的客人（估计不是故意杀人）因而下狱。杨雄可能是了解其案件性质，在法律允许的范围内对其提供帮助。

一、"水浒"中的法律

　　临近水泊梁山的三个村庄之所以结盟，应该与古代社会官府权力不下乡、乡村享有一定程度的自治有关。对于古代中国基层自治这一问题，近年来，国内一些学者已有深入研究。例如，西北大学的薛冰教授等人认为，中国古代政权的末端存在着一个广阔的自治空间，城乡居民因此享有某些自治的权利，包括在治安等方面的自治权。宋代的家长制宗族制就在乡村自治中发挥着一定的作用。[①]

　　回到《水浒传》本身，根据杜兴的介绍，我们对于祝家庄、李家庄、扈家庄一些头面人物或庄主以及上述三个庄结盟的情况等有所了解。如果我们的理解无误，这三个庄在面临梁山强人的压力下，由各自的庄主（属于乡绅一级的人物）组织自己的庄客形成一个相互支援的联合，体现了在官府力量不足或难以下乡的情况下，乡村自己自治并形成一种联合性较强的格局。尽管前述薛冰教授等人的文章认为宋代保甲制取代了乡里制，政府强化了对于乡里组织的控制等，[②] 但是，至少在《水浒传》中，我们看到的是保甲制并未取代乡里制，政府对于乡里组织的控制并没有强化，在乡村发挥较大作用的仍然是乡村自身的自治。前面的九纹龙史进在与二龙山的强人对抗时可谓一例，这里的祝家庄等与水泊梁山的敌对状态也一例。或许，保甲制此时是存在的，但它更多地用于居民的管理，而对于诸如二龙山或梁山这样的地下社会或黑社会，乡村的自保或自治应该更有力量和成效。

　　按照《水浒传》中杜兴的介绍，上述三个庄"总有一二万军马人家"，其中又以祝家庄"最豪杰"。如果我们理解正确的话，祝家庄庄主及其三个儿子应该是当地的豪强大地主。而且，这种借着维持当地治安之名组成的地方武装气势浩大，容易形成主宰一方的霸主或土皇帝之类的势力，对于自己实际管辖下的居民和庄客取得很强的统治力或支配力。[③] 无形中，

[①] 参见薛冰、岳成浩：《古代中国基层自治实践对现代公共管理的意义》，《西北大学学报》（哲学社会科学版）2009年第2期。
[②] 同上。
[③] 关于宋代地主阶级各阶层的分析，参见漆侠著：《宋代经济史》（上），中国出版集团 中华书局2009年版，第508－511页。

◎ "水浒""二拍"中的法律

这种豪强大地主也会使得某个特定区域成为法外之地。《水浒传》中的祝家庄似乎还没有全然脱离官府，相反，其与官府的联系还比较密切，基本上没有我行我素。例如，他们在抓到偷杀报晓公鸡的时迁以及后来的若干梁山盗贼时并没有擅自行刑或擅杀，而是关押起来，计划一并交给当地官府处置。但是，其在联盟自保的过程中并未平等地对待自己的同盟者，而是明显地仗势欺人，包括那位公鸡被盗的店小二都有些膨胀。

48. 解珍解宝双越狱　孙立孙新大劫牢：
　　暴力、仇杀与理性、法制

> **第四十九回故事梗概**

　　吴用讲述登州猎户解珍、解宝的故事：登州山上猛兽伤人，登州知府下捕虎文状。解珍兄弟二人窝弓猎虎，老虎中箭负痛，滚入毛太公（当地里正，也有捕虎义务）院中。二人上门讨要，对方耍赖不给，双方发生冲突，毛太公家中部分物品被打坏，毛仲义将解家两兄弟抓住送到州里。毛太公父子、女婿王孔目伙同节级包吉，计划杀害解家兄弟。

　　"铁叫子"乐和是解家兄弟姑舅表哥孙立的妻弟，是个小牢头，知道毛太公一伙的阴谋，有意搭救二人。解珍请乐和送信给表姐"母大虫"顾大嫂（孙立、孙新与他们也是姑舅表兄弟）。顾大嫂与丈夫孙新商量营救计划，送乐和碎银牢中打点。

　　孙新请来聚众打家劫舍的邹渊、邹闰叔侄，邹渊建议劫牢后去梁山泊。

　　孙新夫妇来强请孙立加入。

　　顾大嫂等人杀了包吉等狱卒，押了王孔目，将毛太公满门杀死，取其金银财帛而去。到达石勇的酒店，闻知宋江攻打祝家庄不利，孙立打算利用其与栾廷玉同门师兄弟的关系混入祝家庄，里应外合。

◎ "水浒""二拍"中的法律

点评

　　登州老虎伤人，知府依照职权下达杖限文书给众猎户，捕虎文状给山前山后的住户。这意味着众猎户与地方上的里正等人均有义务完成知府下达的任务，而且十分紧迫，否则官府不会客气。

　　解珍、解宝兄弟身为当地一流的猎户，自然不会甘于落在人后，而且很快就有了猎虎的成果。只不过这只老虎被窝弓射中后，负痛滚入当地一位有钱的里正毛太公的后院，显然已经无力挣脱。

　　按照正常人的思维，解珍兄弟上门，请毛太公交出受伤或已死亡的老虎，以便向官府交差。但是，后者先是假意招待，而后干脆赖账。在这种情况下，解珍兄弟俩也很难保持冷静，双方发生冲突，毛太公家里的部分物品被损坏。

　　损坏他人财物需要赔偿，但一般不会因此被判处死刑。事实上，登州知府也没有这样做。想置解珍、解宝兄弟于死地的是毛太公父子，这种置人于死地的办法不可能直接通过司法判决的方式完成，但却极有可能通过当时狱政的腐败与黑暗达到。毛太公父子能够做得到的便是通过自己家的女婿当案孔目王正（事关自己的岳父、舅子，理应回避）以及节级包吉，此外，就是寄希望于知府在收受贿赂之后寻机将解珍兄弟除掉。

　　解珍、解宝尽管只是猎户，却有能量不小的亲戚在后面助力。最终的结果是，依靠表姐"母大虫"顾大嫂，姑舅表兄弟孙立（提辖）、孙新，以及孙立的小舅子乐和等人的外助，解珍兄弟被从监狱救出，包吉等小牢子被杀，毛太公满门一个不留，财物被抢劫，路上其他人家的马匹也被掳走。

　　这场冲突，以双方的不冷静开始，以毛太公一方多人被杀（毛太公一家被灭门）的血腥局面结束。这种悲惨性结局说明，暴力、仇杀恰好是理性与法制的大敌。

49. 吴学究双掌连环计　宋公明三打祝家庄：
梁山的"军令"

第五十回故事梗概

吴用差人请圣手书生萧让等人下山，扈家庄扈成请求宋江释放其妹扈三娘。吴用让其不要帮助祝家庄，如果祝家庄有人来投奔，就此擒获。

孙立等人为内应，宋江拿下祝家庄，祝家庄因为有钟离老人为梁山军马指路，免于被斩杀干净。李逵杀人成性，扈家庄几乎被其弄得空无一人，前来献俘（祝彪）的扈成也差点被杀，只得逃往延安府。

梁山新添孙立等头领，李应、杜兴被吴用设计不得不上山。

宋江做主，将一丈青扈三娘嫁给矮脚虎王英。

点评

从作战的角度看，宋江三打祝家庄堪称经典战例。从法律方面来说，却乏善可陈。

这里主要谈谈处理俘虏的问题。先看之前获胜的祝家庄一方，他们擒获梁山泊的头领王英、秦明等七人并没有处死，而是暂时关押起来，准备送往官府处置。梁山泊一方则是几乎不留俘虏，滥杀无辜，包括献俘的扈成以及早已与梁山暗通款曲的扈成一家，尤其是滥杀无辜的李逵，按照梁山自身的"军令"，早就应该被处死。之所以没有处罚李逵，宋江的说法是"只是将杀祝龙祝彪的功劳折过了"。如果下次再违将令,定行不绕。宋江针对李逵的从轻发落再次说明:这是一种江湖的做派,而非正常的、主要依靠法律治理的社会应有的态度。

在这一回,宋江还做了一次媒人,将一丈青扈三娘嫁给其手下败将矮脚虎王英。这种拉郎配的做法算是兑现了之前给王英的承诺,但却丝毫没顾及扈三娘的感受。

50. 插翅虎枷打白秀英　美髯公误失小衙内：
　　前后两个惨烈的故事

第五十一回故事梗概

雷横路过梁山，宋江极力拉拢其入伙，雷横以老母年高需要照顾为由婉拒。

雷横回到郓城县，一日闲来无事，到戏院听新来的粉头白秀英唱戏。因为没有携带银两，遭到白氏父女嘲笑。雷横大怒，打伤白老汉，白秀英仗着新任知县的面子前来告状。知县令人将雷横枷号示众，雷横老母护子心切，与白秀英对骂，白秀英对雷母大打出手，雷横带枷杀死白秀英。

知县派人验尸，将雷横押在大牢，新任节级朱仝对其照顾。

朱仝在押送路上私放雷横。

知县本爱朱仝，有意从轻发落。朱仝家人在济州府上下打点，济州府判处朱仝脊杖二十，刺配沧州牢城。

朱仝到达沧州，沧州知府见此人仪表非俗，先有八分喜欢，"只留在本府听候使唤"。府中的众人"都送了些人情"，朱仝又为人和气，大家喜欢。

一日在府内，沧州知府问起朱仝缘何犯罪。知府四岁亲子喜欢朱仝，之后半个多月，朱仝时常带小孩上街闲耍。

七月十五夜放河灯，朱仝带小衙内外出观赏，遇到雷横、吴用，二人力邀朱仝上梁山被拒绝。李逵杀掉小衙内，朱仝追赶。李逵逃入柴进庄院，后者代宋江说明礼请朱仝上梁山的用意。

◎ "水浒""二拍"中的法律

> **点评**

  这一回的先后两个故事可以用惨烈、血腥等词语来形容。

  先看第一个故事。这场惨剧本来是可以避免的,但主要是由于一方当事人白氏父女的缘故,酿成了一场悲剧。

  按照《水浒传》这一回的帮闲李小二的说法,这场悲剧的发起者和被害人白秀英是一位从东京来的色艺双绝的"行院""粉头"。

  所谓"粉头",在古代社会是对妓女和戏子这两种人的称谓。因为,这两种人都喜欢涂脂抹粉,社会地位低下,被人瞧不起。①

  所谓"行院",据称最早见之于宋人著述,原意"本行",后衍生出"百戏"或"散乐"以及从事相关演艺行业者的意思。② 根据近年国内学者的研究,北宋末年的专业艺人数量大约为 51800 人,有文化者约占其中的一半。这些艺人为历史增添了新的色彩。③

  《水浒传》中的白氏父女应该是艺人,而且小说两次提到白秀英的时候,都用到了"色艺双绝"这个词。而且,后面白秀英对知县告状时,称雷横殴打父亲,搅散勾栏④,意在欺骗奴家。这些信息均说明,白氏父女是艺人,而非娼妓。

  白氏父女的悲剧在于没有摆正自己的位置,可能是仗着郓城县知县的面子,有些盛气凌人。冲突起源于看了白秀英表演,且坐在首位的都头雷横随身没有带上银两,许诺以后再给时,遭到白氏父女嘲笑。此时的雷横也不冷静,殴打白玉乔,导致对方"唇绽齿落"。

  殴打他人当然应当承担相应的法律责任,包括视情节轻重判处徒刑或承担一定的民事赔偿责任等,但却不应当交由被害人一方公开羞辱。在这个问题

---

 ① 信息来源:问剧网,访问日期:2020 - 03 - 08。
 ② 信息来源:360 百科,访问日期:2020 - 03 - 08。
 ③ 参见程民生著:《宋代艺人的文化水平与数量》,《河南师范大学学报》2019 年第 1 期。
 ④ "勾栏"为宋时的戏曲剧场。参见王家范、谢天佑主编:《中华古文明史辞典》,浙江古籍出版社 1999 年版,第 202 页。

上，郓城县新任知县显然处置不当。所以，悲剧的形成与他有很大的关系。

第二个故事讲述的是：宋江、吴用等人为了赚取本来无意上梁山的朱全，迫使其入伙，不惜以杀害无辜的沧州小衙内为代价。为达目的不择手段，宋江、吴用等人的用心只能用"险恶"二字来形容。如此一来，梁山泊所谓的替天行道的口号或号召力无疑会大打折扣，自毁形象。至于那位嗜杀成性的李逵，在这个故事中更多的只是作案的帮凶或工具而已。

《水浒传》中，真正被逼上梁山的屈指可数。[①] 林冲肯定要算一个，这一回的朱全也应该算得上一位。只不过林冲的被迫与朱全的被迫有所不同：遭受冤屈的林冲先前是一味地委曲求全，为的是换取他日回东京与妻子团圆。如果不是高俅等人苦苦相逼，林冲完全可以忍耐到刑满释放之日。朱全其实是比较适应当时社会的，在江湖义气与体制、法度之间走钢丝，一段时间内，但还过得去。当然，这种游移不定的态度终究会给他带来不利后果。但是，即便如此，哪怕就是到了因为私放雷横吃了官司，朱全也没有想到落草为寇。也就是说，身为阶下囚的朱全的想法也是刑期结束后"复为良民"，所以朱全的逼上梁山不是像林冲一样是被仇人所逼，而是"兄弟逼我上梁山"。这种情况在《水浒传》中似乎并不鲜见。

[①] 有的学者认为，真正被逼上梁山的一共只有九位。参见刘召明：《〈水浒传〉"农民起义"说、"逼上梁山"说献疑——基于英雄人物身份、职业及上山类型的统计分析》，《文艺理论研究》2017年第6期。

51. 李逵打死殷天锡　柴进失陷高唐州：
"丹书铁券"的效力

第五十二回故事梗概

朱仝答应上梁山的条件就是杀掉李逵或不与之在一起。柴进留李逵在庄上，吴用嘱咐李逵不得闹事。

朱仝上梁山，宋江已经将其家小接上山。

一个多月后的一天，柴进接到叔父因为花园被高唐州知府妻弟强占气病在床的消息，与李逵同去看望。

柴皇叔及其继室述说与殷天锡争执一事，大家还是力主走正常程序：持丹书铁券（誓书铁券）往东京告状。

柴皇叔去世，还在头七之期，殷天锡逼迫柴家腾出花园水亭，柴进不从，遭对方殴打。李逵大怒，杀了殷天锡。

李逵逃走，柴进被知府高廉派人抓捕，痛打之后下在牢里。

李逵、戴宗先后报告柴进身陷囹圄等，宋江决定率军直奔高唐州。

两军对阵，梁山人马虽然有林冲、秦明先后斩对方两将于马下，却遭到高廉作法和官军的冲杀，损失一千余人。第二仗，宋江再度失利。

高廉劫寨，被早有防备的梁山人马伏击。被俘的高廉手下二十余名神兵被杀。

吴用献计，请人对付高廉。

点评

这一回祸起高唐州知府妻弟殷天锡。

此人仗着姐夫的权位,不将柴皇叔放在眼里,企图强占对方房产(花园水亭)。柴进以为自己家里有宋太祖颁发的丹书铁券,通过正当程序足以抵制对方的非法侵占。

关于所谓"丹书铁券"或"丹书铁契"是否可以免罪,有学者经过研究做出了否定的回答。[①] 所以我们说,即便是柴家有这么一个"丹书铁券",也并不等于其拥有超越宋代法律的特权。小说中的柴进时常有窝藏逃亡罪犯,诸如宋江等人的行为,如果这种行为被查实,几乎可以确定的是等待他的无疑是相关法律的制裁。

《水浒传》中的柴进倒没有因为窝藏罪犯而被法律惩处,而是由于卷入其叔父柴皇叔与新权贵高廉妻弟殷天锡的房产纠纷受到牵连。

依据"丹书铁券"或"誓书铁券"是想显示自己家里拥有一定的特权,不受非法欺凌。不过,殷天锡、高廉之流并不尊重"丹书铁券"。

殷天锡毕竟是李逵(所谓庄客"李大"只是为了掩饰柴进自己与梁山泊强人有来往的一个化名)打死的,这笔账可以记在"主人"柴进的头上吗?而且,李逵("李大")打死殷天锡并非受柴进指使,只是其个人行为。在这种情况下,需要"主人"对于"庄客"的杀人行为承担法律责任吗?

当然,即便是要为自己的妻弟报仇,高廉知府也只是抄扎了柴皇叔家私,监禁下人口,占住了房屋围院,柴进自在狱中受苦。也就是说,此时的高廉并没有超越法律的规定,擅自将柴进处以死刑或立即执行其死刑。

---

① 参见陈忠海:《从"丹书铁券"到"铁榜"》,《中国发展观察》2017年第22期。

52. 吴用智赚玉麒麟　张顺夜闹金沙渡：
　　卢俊义冤案的前奏

第六十一回故事梗概

梁山军马攻打曾头市不利，晁盖被史文恭毒箭射中身亡。为了对付强敌，宋江等人计划拉大名府首富、武艺超群的卢俊义入伙。

当然，身为大财主、武功绝世的卢俊义是不可能随意就加入水泊梁山的，更何况他藐视梁山，对其十分敌视。

梁山第一军师吴用决定智取卢俊义。李逵有意跟随，吴用让他答应三个条件，即不得饮酒、扮成道童跟随、装哑巴。

吴用打扮成算命先生，李逵打扮成哑巴道童，四五天后到达北京。

到达卢俊义府上，吴用假称卢俊义百日之内必有血光之灾，并在卢家墙上留下藏头诗一首而去。

卢俊义决意离家，留燕青看家，带李固等十余人一道去千里之外的泰安避祸，都管李固、义子燕青、妻子贾氏等人均劝不住。

到达梁山附近，店小二好意提醒卢俊义一行悄悄而行，不料卢俊义拿出事先准备好的四面大旗，每一面旗上均有一行大字，共有四句：慷慨北京卢俊义，远驮货物离乡地。一心只要捉强人，那时方表男儿志。

卢俊义不顾众人劝阻，执意要上梁山寻找和捉拿草寇。李逵、鲁智深、武松、刘唐与穆弘、李应、朱仝、雷横等人先后露面挑逗卢俊义。须臾之间，再看李固等随从人员，已被梁山尽数绑缚。花荣一箭射落卢俊义毡笠上的红缨，使其吓出一身冷汗。再看梁山泊兵强马壮，卢俊义讨不到便宜，只得下山乘船。船夫却是混江龙李俊，加上三阮和张顺，卢俊义落入水中。

点评

如果是在陆地上单打独斗，卢俊义的武艺应该超出梁山泊所有的好汉。

当然，这位武功盖世的玉麒麟在智力上却比较短缺，还比较固执己见，居然如此轻易地相信化装成算命先生的吴用的谎话，轻率地来到梁山泊，与一班朝廷都难以对付的强人公开叫板。

宋江是一位"爱才之士"，当然不会伤害这位盲目自大的卢俊义的性命。陆地上要想生擒这位武功高强、自命不凡的第一勇士还真的是不太容易。但是，到了水里，就是三阮、张顺、李俊等人的天下，卢俊义也就只落得个被俘的下场了。

这一回看似与当时的法律没有关系。但是，后面我们会看到宋江一伙是如何设计将卢俊义一步一步地拉下水，并有意制造卢俊义与梁山泊贼盗勾结的假象的。因此，这一回应该被视为卢俊义冤案的前奏。而且，冤案的主要推手就是这位"及时雨"宋江。

53. 放冷箭燕青救主　劫法场石秀跳楼：
　　首告与金钱的再显神威

第六十二回故事梗概

卢俊义被生擒，宋江假意将大头领之位让给卢，卢坚辞不受。

梁山泊让李固等人先行下山，诡称卢俊义已经坐了山寨第二的位子，李固等人慌忙回返。

宋江等人设计，以众位头领宴请的名义，软禁卢俊义先后50天左右。

卢俊义快到家时，遇见衣衫褴褛的燕青。燕青诉说变故：李固回来后，称卢俊义已经坐了梁山第二把交椅，与卢俊义妻子贾氏"做了一路"，到官府首告。卢俊义不听燕青的话，径直回家，吃饭时被一伙做公的抓去，一步一棍，"直打到留守司来"。

梁中书亲自审案，卢俊义被屈打成招，押在死囚牢里。

看守他的是两院押狱兼充行刑刽子的狱卒蔡福、蔡庆兄弟，燕青请求给卢俊义送饭，蔡福允准。

李固私下送蔡福五十两蒜头金，请对方除掉卢俊义。不久，柴进到蔡福家中送一千两黄金，请蔡福手下留情。蔡福、蔡庆商议后，用手头的重金买上买下，确保卢俊义不至于被判死刑。张孔目认为，"卢俊义虽有原告，却无实迹。虽是在梁山泊住了许多时，这个是扶同诖误，难问真犯。脊杖四十，刺配三千里。"拿了好处的梁中书表示同意。于是，卢俊义被发配沙门岛。

一、"水浒"中的法律

防送公人就是先前在野猪林谋害林冲未遂的董超、薛霸二人，因为高俅嫌他们办事不成，将此二人刺配到北京。梁中书觉得二人好用，留在手下。

李固悄悄地给两位公人两锭大银，让他们在押送途中结果了卢俊义，回来后凭卢俊义脸上的金印，再给每人五十两蒜头金。

一路上，两个公人对卢俊义打骂相加，百般虐待。

到了一座大林，董超、薛霸二人将卢俊义捆绑在树下，正要杀害时，被暗中尾随的燕青用弩弓一一射死。

卢俊义先前被董超二人将脚烫伤，行走不便，燕青背着他走向梁山方向，行动迟缓。有人发现两个公人尸体，梁中书派人追赶，卢俊义被擒，燕青只得独自一人赶往梁山，路上偶遇杨雄、石秀。于是，燕青随杨雄上梁山告知宋江，石秀到北京打探消息，不料正赶上卢俊义午时三刻开刀问斩。石秀一人想劫法场，连杀十多个人，拖着卢俊义就走。

点评

这一回才与法律紧密联系起来。

首先，卢俊义根本就不会也不想与水泊梁山的这伙强人搅和在一起。这一点，不仅是他的那番掷地有声的"生是大宋人，死是大宋鬼"的绝非故作豪言壮语的话明显看得出来。而且，以他大名府著名的大财主的身份，也使得他不可能融入梁山这一伙他心目中的强盗之中。也就是说，不差钱、在当时的社会上要身份有身份、要财富有财富的卢俊义没有任何可能或理由加入梁山。

李固等人首告卢俊义勾结梁山匪徒，与其说是为了开脱自己而不受牵连，还不如说是借此机会除掉卢俊义。所以，卢俊义案件主要是由李固、贾氏铸成，宋江等人启动，是一个不折不扣的冤案。在这起几乎成功的冤案中，潜在的获益者是宋江一伙，暂时的获利者是李固、贾氏。

这位忘恩负义的都管李固借机除掉卢俊义的理由既简单又复杂：卢俊

义的巨额的财富和年轻、漂亮的妻子均可以由此被他轻易获取。

金钱在卢俊义一案中再度大显神通：李固用五十两蒜头金试图买通狱卒蔡福、蔡庆兄弟，满以为可以就此在狱中置卢俊义于死地。没有想到的是，梁山泊给出的金额远远超出了多少有些小气的李固。不用说，一千两黄金能够做的事情太多了，其足以轻易抵消李固先前的金钱投入。"买上买下"的结果也是明显的，卢俊义只是落得个"脊杖四十，刺配三千里"。而且，拿到好处费的一干人在执行脊杖刑的时候应该会手下留情的。于是，李固还得再次出钱两锭大银，并承诺事成之后追加五十两蒜头金，来收买我们前面已经很熟悉的那两位曾经依照高俅等人的毒计想在野猪林暗害林冲的防送公人董超、薛霸。这两位现在已经沦为囚徒、被梁中书再度起用的公人（顺便说一句：梁中书还真是慧眼识人，勿论出身或犯有过失，"唯才是举"。前有杀了泼皮牛二的杨志被重用，后有高俅不喜的董超、薛霸）这一次收到的好处费比起高俅的赠与应该更为优厚。

顺便讨论一下：根据现代学者们的计算，中国古代1两黄金大约等于100两白银，1两白银等于1000个铜钱。① 另外，有的专家认为，北宋1两黄金等于10两银子，1两银子大约等于今天300元人民币。如果可以，我们大致换算一下：五十两蒜头金相当于今天的人民币15万元。② 无怪乎蔡福会嘲笑李固想以此价钱收买自己，干掉大名府首屈一指的大财主卢俊义，实际上就是讽刺对方小气。如果小说中出现的"一锭大银"最多算50两的话，那么，李固收买董超、薛霸二人的总共100两银子，总计也就是3万元人民币。

两锭大银或许今天看来不是很大一笔钱，但是，如果考虑到北宋末年普通人的生活水准不是太高，抑或董超等人对于生活的投入不是很大的话（假设此类人只是考虑基本生存条件，亦即满足基本的衣食住行即可，不

---

① 信息来源：金投网，访问日期：2020 - 03 - 28。
② 信息来源：搜狗知识，访问日期：2020 - 03 - 28。

会买房、买地的话)。搜狗问问上有人估计,北宋时期一个中产之家的年消费大约为40贯。① 如果40贯相当于白银40两的话,那么,100两大银也是一笔不错的收益。参照当时官员正常的年收入(例如,知县年收入约等于今天的人民币1万元至2万元——灰色收入不算在内),50两大银也不是一笔小钱,相当于一个知县两年的正当收入。那么,两锭大银对于董超、薛霸来说还是颇具诱惑力的。因为,此二人与时常能收到好处的蔡福之流不好比较,他们收取外快的机会不太多,而且李固还有事成之后有巨额重赏的承诺。

李固能够说服董超、薛霸二人在押送途中除掉卢俊义的主要因素无疑是为数不菲的金钱的诱惑作用。此外,还有一个很重要的因素就是"经济成本的分析",且听李固是如何打动两名防送公人的:……如今配去沙门岛,路途遥远,他又没一文,教你两个空费了盘缠。急待回来,也得三四个月。② 反过来说,如果此时有人给两名防送公人一笔巨款,让他们一路照顾卢俊义而不是尽情虐待他,这两位公人也是会照办的。

因此,如果以一两黄金约等于今天的人民币3000元计算的话,梁山泊通过柴进交给狱卒兼刽子手的蔡福的1000两黄金(当然不会是正当的财产收益)的价值大约为我们今天的300万元。考虑到当时的生活成本,300万元无疑是一个巨大的数额。蔡福除了拿其中的一部分去"买上买下"逐一打点之外,自己从中还可以获得不少好处,还不至于得罪梁山泊这一伙来去无踪的强人。因此,1000两黄金比起李固的50两蒜头金,孰轻孰重就不需要再做讨论了。正是依靠这1000两黄金,被指控勾结梁山匪类的卢俊义只是被判刺配。当然,我们前面已经说过,卢俊义一案到这个时候绝对是一个冤案。

"首告"在古代中国意为出面告发他人的犯罪行为。《水浒传》中的李固、贾氏之所以选择"首告"无疑是为了不受牵连,但也确实说明古代社

---

① 信息来源:搜狗问问,访问日期:2020-03-29。
② 参见《水浒传》第62回"放冷箭燕青救主 劫法场石秀跳楼"。

◎ "水浒""二拍"中的法律

会连坐的影响力不仅存在,而且对于相关人员的利害关系不小。当然,李固、贾氏利用了制度中的潜在弊端,试图达到以此除掉卢俊义的卑劣目的。

"首告"在《水浒传》中出现了不止这一次。例如,第六十九回"东平府误陷九纹龙　宋公明义释双枪将"讲到史进为了建功,自告奋勇到东平府做内应,隐藏到旧日相好娼妓李瑞兰家里。李瑞兰及其养父母(龟公、老鸨)确认其目前身份后暗地告发,导致史进被擒,押在大牢。后来,顾大嫂化装成要饭的老太婆暗中联系史进,给史进送饭,再次说明古代社会牢狱之中对在押犯人是不提供免费伙食的。

《水浒传》中写到,卢俊义的案件审理机构是北京"留守司"。这里的"北京"不同于今天的北京,这个问题,今天的学者已有较为充分的讨论,我们于此不再赘述。小说中提到"留守司"审理卢俊义通匪案,这可能有误,主要是这个留守司至少在徽宗朝是一个没有什么实权的机构。因为,根据近年来相关学者的研究,三京("西京""南京""北京")留守司(全称"留守司御史台")其实是一个有名无实的机构,其职权以践行宋代礼制为主。[①]

这个案件是否由当时北京大名府的知府梁中书主审也是一个问题。[②]当然,梁中书出面审理这一大案要案的可能性也不见得完全不存在。

从卢俊义本人来看,说他勾结梁山泊强人反叛朝廷委实是冤枉了他。原因我们在前面已经分析,这里不再说明。这个案件最终如何判处,其实存在很大的空间。谋反当然是十恶不赦的重罪,不仅罪及己身,而且,正

[①] 参见张吉寅:《北宋三京留守司御史台考论》,《首都师范大学学报》(社会科学版)2016年第6期。

[②] 近年来,对于梁中书是否真的确有其人是有争议的。有学者认为,《宋史》中没有梁世杰这个人。《水浒传》中的梁中书可能是当时的东平州人梁子美,此人出身官宦世家,哲宗朝荫庇入仕,徽宗朝为河北都转运使。他的经历与《水浒传》中的梁中书确实有几分相似之处:哲宗朝时为中书舍人,徽宗朝大观元年(1107)拜尚书右丞迁左丞,加中书侍郎,故符合"梁中书"这一称谓。此人在大名府曾经主政(1108年任大名府知府,1116—1119年主政大名府),在讨好皇帝(而非丈人蔡京)方面,与《水浒传》中的梁中书颇为相像。梁中书不大可能是奸臣蔡京的女婿,但与哲宗朝的著名权奸章惇有姻亲关系。信息来源:搜狗百科,访问日期:2020-03-29。

146

如小说中的贾氏所言"一人造反,九族全诛",亦即会牵连到与犯罪者有关的很多的人(血亲、姻亲)。一种说法是"九族"包括父族四、母族三、妻族二(以东汉许慎等人为代表),古代统治者在赏赐、处罚、屠杀时一般采用的就是这一说法。① 因此,贾氏完全有理由在这个时候为自己抛弃亲夫的行为进行辩解。

案件第一次审判的结果是卢俊义并没有被处以死刑,而是"脊杖四十,刺配三千里"。实际上,卢俊义后来被刺配去沙门岛。我们知道,沙门岛在今天的烟台一带,大名府在今天的河北大名县东南,两地之间的距离不到1000公里。当然,古代的里与今天我们的里的长度并不等同,据说1里仅为440多米。② 另外,当时的执法者是否会严格执法或囿于法律的字面规定也值得讨论。还有,考虑到古代交通不会都是直线行走,弯道距离应该算在内。故而,流放三千里到沙门岛是说得过去的。

当然,沙门岛在北宋年间并非福地,而是一个令众多囚徒闻之丧胆的地方,许多人即便活着到了这里,却未必能够侥幸生还。国内对此的相关研究业已充分,具有很高的说服力,在此我们可以略而不谈。例如,有研究表明,当时的沙门岛环境恶劣,口粮奇缺,"至者多死"。③

我们完全可以想象仅仅从大名府到沙门岛的这一路上卢俊义死亡的种种可能性:一种是被两个别有用心的防送公人杀害,这种事情对于这两个《水浒传》中的"知名人物"也不是第一次,只是他们的运气不怎么好而已——在我们知道的仅有的两次杀人未遂过程中,第一次在野猪林里谋害林冲,这两位被林冲的好友鲁智深搅局,第二次干脆就被"浪子"燕青以弩弓毙命。卢俊义可能死于押送途中的第二种可能是水土不服或患有疾病,这种可能性不是不存在的。如果不是燕青出面干预,两位公人完全可以以此作为汇报卢俊义死在中途的原因。一个囚犯死在押送服刑地的途

---

① 信息来源:搜狗百科"九族"词条,访问日期:2020-03-29。
② 信息来源:搜狗问问"宋朝一里约等于今天多少米",访问日期:2020-03-29。
③ 相关研究可参见程皓:《北宋配隶沙门岛刍议》,《首都师范大学学报》(社会科学版)2010年增刊。

中，对于当时的官府来说，估计也算不了什么。卢俊义死在途中的第三种可能是防送公人之外的第三方，诸如李固另外花钱派刺客谋杀卢俊义，完全不必买通两个防送公人。所以，卢俊义死在押送途中的可能性不仅存在，而是有很多。

另外，就算卢俊义平安到达沙门岛，其能够生还的可能性又有多大仍然是一个问题。

卢俊义第一次侥幸不死完全是因为燕青出手相救，与梁山没有丝毫的关系，这无疑是梁山泊的失算，而且是巨大的失算。也就是说，在花费了1000两黄金之后，宋江、吴用等人居然没有预计到卢俊义一案审理的结果以及卢俊义在押送过程中可能遇到的不测，后续需要跟进的工作几乎没有做。

当然，燕青接连杀害两名防送公人其实已经使得自己陷入与官府公然作对的境地，一旦被抓获无疑是死罪难逃。

那位凭一己之力劫法场的拼命三郎石秀同样也会落入死罪的境地。

当然，根据《水浒传》作者的介绍，就卢俊义一案而言，在梁山人马的奋力搭救下，卢俊义等人最终逃离，李固和贾氏被卢俊义手刃。卢俊义在经历此番波折之后，已经没有了在往日熟悉的生活环境中继续生存的可能性，只得跟随宋江等人落草为寇，等待朝廷招安。如此说来，卢俊义也是一个莫名其妙的"兄弟逼我上梁山"的非自愿者。

结　语

作为中国四大古典名著之一的《水浒传》以北宋末年的宋江等人起义为基本线索，自北宋末年开始流传，至宋元之际逐渐丰满、成型。到元末明初乃至明朝中后期，经过施耐庵和罗贯中等人的整理和艺术加工，基本定型。

当然，既然在其流传的过程中有不断加工的因素掺杂其间，那就意味着这部影响深远的白话长篇章回小说不乏诸多虚构的成分。这种虚构的表现主要是宋江等人被北宋朝廷招安后走上征辽、击败田虎和王庆、攻打方腊的道路，一百单八将中的一大部分人死于上述征战途中，小部分人离开或不辞而别，得以善终。宋江、卢俊义等人被奸臣所害，李逵被担心其再度造反的宋江先行毒杀，吴用、花荣自杀身亡。

本书的研究主要在《水浒传》的涉法部分，即故事中的一些主要人物在有意或无意之中，与北宋时期的法律、政治等产生的关联，从而探讨北宋末年的法律在小说语境中的运行情况。

再次需要说明的是，我们的研究依据的主要是《水浒传》这部流传数百年的小说，而非真实的历史（当然我们会参考相关的历史研究），讨论的是文学名著中的法律问题，是法律与文学抑或文学与法学的交叉研究。

如果仅仅依据我们阅读的《水浒传》这部文学名著来讨论北宋末年的法律，我们可以得出以下一些认识：法律在治理社会中的作用依然凸显。换言之，北宋是一个秉承开国国君赵匡胤"重文轻武"的传统，缘法而治的社会，但却难称近现代意义上的法治。

北宋的制度建设基本上堪称完备，但也不乏某些先天性的缺陷，如"重文轻武"。此外，某些不容忽视的不利外部环境，诸如先后崛起的辽、西夏、金等政权，也影响到了北宋政权的稳固及发展。

◎ "水浒""二拍"中的法律

就法律的治理而言，透过《水浒传》，我们还不能够说当时的情况较好，而只能够说乏善可陈。本书讨论了王进、林冲等禁军教头等人的遭遇，这些人原本属于收入、工作、家庭等均较为稳定的阶层，且有一定的社会地位和荣誉感，本应属于统治集团依靠的中坚力量或根基。但是，因为有了高俅这样的特殊人物的出现且窃据高位，这些原本奉公守法的普通人只得选择逃离或被迫沦为阶下囚甚或被逼上梁山。这也说明，即便有较为严谨、扎实的制度设置，如果不能严格遵守和执行，高俅之流也会进入正式的体制，成为庙堂之上的败坏者。此类教训不可谓不深刻，当为世人所汲取。

宋江、朱仝、雷横等人本为基层小吏，在江湖义气与法度发生冲突之时，几乎没有犹豫地选择江湖义气而弃国家法度于不顾，说明此时的社会是一个熟人社会，依循的是人情而非法治。

因此，如果我们要评判《水浒传》语境下的"吏治"，我们只能说远非令人满意。

司法在《水浒传》的前 70 回多次出现，其公正性如何值得深思。例如，依据小说的描述，我们获得的印象是身为八十万禁军枪棒教头的林冲遭遇的就是冤狱。这种冤狱的出现有其偶然性，也有其必然性。宋江"怒杀"阎婆惜之后的司法审理，则反映了北宋末年官场官吏之间的复杂关系以及象征着宽仁精神的皇家赦免权力的过滥带来的对于正常的制度的冲击。武松为兄报仇的"私人救济"其实是不得已而为之，但却意味着在正常的制度和机构之外，行为人对于官府的失望和不信任感。宋江在江州城的逍遥自在的另类囚徒生活，只能说明当时狱政松弛业已到了无以复加的地步。解珍、解宝二人因为打虎次生出来的冤案再度说明，司法可以为人利用，成为迫害对手的工具。至于卢俊义的冤案，实际上是宋江一伙打造，李固、贾氏等人为助推者。

当然，即使是不无夸张或虚构，法律制度设置的先导性或精巧还是在小说中有所体现。例如，误闯白虎节堂的林冲也需要经过司法审判程序且罪不当死，被刺配沧州了事。身陷江州城死囚牢的宋江、戴宗也需要在某日的"午时三刻，开刀问斩"。而且，仅就死刑而言，北宋政府的态度是

一、"水浒"中的法律

审慎、认真的,并非如此草率。

狱政可能更能反映一个国家的政治、法律发展的情况。但是,在《水浒传》中,我们看到的是一种令人沮丧的、不无共性的现象,那就是行贿、受贿或索贿成为公开的秘密。此种现象一再出现,只能说明这个社会已然堕入病入膏肓的境地。

此外,如果整个社会主要追求的是享乐与奢靡,不思进取,甚或凌驾于法律之上,则这个社会不会给人以希望和激励。例如,宋徽宗的"花石纲"与蔡京的"生辰纲"即颇为典型。

在这部小说中,我们也难以看到社会救济或社会保障制度存在,因而贫弱者或一时陷入困顿者难以获得自救,只得做出某种远非自愿的选择或无奈之举。例如,小说第三回中的金翠莲父女流落他乡、寄人篱下、饱受"镇关西"郑屠欺凌;小说第二十回介绍的阎婆母女投亲不着、阎公去世,在衣食无着的情况下,阎婆只得将女儿阎婆惜委身于小吏宋江为外室。因此,如果一个社会不能够对其贫弱的成员提供基本的生活保障,则这个社会是不可以被称为理想社会的。①

《水浒传》给我们描写的是两个看似不同、实则相似的社会。一个是正常运转的社会,有上至皇帝、下到基层里正等的统治网络,一切社会成员均在有形或无形中受限于这个网络。约束社会成员的有各色官吏,相应的各色机构如社区、乡村、法律、宗教与道德等。但是,在这个正常的社会中,需要警惕的是高衙内这样的横行无忌之徒,凌驾于制度之上的蔡京之流,以及置国家法度于不顾的宋江、朱仝等人。

在这个貌似正常的社会之外,还存在着一个不正常的江湖社会,它的极端化的表现形式就是出现拦路抢劫的强人、啸聚山林的匪类等,对于社

---

① 国内有学者提到北宋年间对于贫民的救济,并以立法的形式明文规定出来。其中,较为典型的有宋神宗熙宁元年(1077)施行的"惠养乞丐法"、宋哲宗元符元年(1098)颁行的"居养法"。但是,上述第一个法律惠及的时间、人数均有限。第二个法律指的是当时的国家福利机构收留无处栖身的贫民。参见吴钩著:《宋:现代的拂晓时辰》,广西师范大学出版社 2015 年版,"自序"第 11 页。因为信息相对不充分,我们难以做出准确的判断。对此,我们当然需要肯定上述法律的积极作用,却难以评价其实际效果。

151

会的正常整理无疑是消极的因素。《水浒传》中的所谓江湖或江湖社会的强势存在说明，正常的社会治理出现了某些值得注意的问题，需要及时整改。在我们今天看来，《水浒传》中的江湖社会多少带有贬义，绝对不会是理想的社会，因为，它的治理或维系依靠的不是法制和理性等积极、正面的东西，更多的是弱肉强食和亲疏远近，适用的是丛林法则。

今天我们重读《水浒传》时，需要注意的还有书中某些与当代社会主流价值观不符甚至冲突的地方。比如说，江湖义气与法治的冲突，渲染暴力、血腥或快意恩仇以及反社会的倾向，与我们倡导的文明、民主、理性、遵纪守法的冲突。我们无意也不可能指责数百年前的作者缺乏我们今天的思想认识和情怀，但是，我们应当具备当代读者应有的清醒的阅读视野和批判精神。

最后，绝非故作谦虚的是，本书的局限在所难免。考虑到《水浒传》在国内外拥有巨大的读者群和研究者队伍，作为一家之言，这部从法学与文学抑或文学与法学交叉进行研讨的作品如果能够引发读者诸君的阅读兴趣和批评意见，笔者则不胜荣幸。

二、"二拍"中的法律

1. 姚滴珠避羞惹羞　郑月娥将错就错[①]：
万历年间的一桩假冒他人的案件

> **故事梗概**

故事从南宋初年的柔福公主（宋钦宗之女，靖康之变时被金人掳往北方，后去世）谈起。某女因为外貌相似，假扮柔福公主。虽有某些令人怀疑之处（如公主原是一双小脚），却被该女巧言遮过。十多年后，宋高宗生母韦太后被赎回，真相大白，假冒者被处死。

故事正文讲述明朝（"国朝"）万历年间发生在徽州府休宁县的奇事：家道殷富的姚家有女姚滴珠十分美貌，嫁给本县屯溪的破落户潘家之子潘甲。这桩婚事的隐患主要在于媒人夸大其词（故意夸大男方的经济状况）。男方家庭生活的窘迫可能是事情变化的主要原因：婚后两个月，潘甲不得不外出谋生养家。促使姚滴珠最终逃离潘家的原因还有公婆的"狠戾"，即动辄谩骂、粗暴相待。

姚滴珠起初的想法是离开粗暴的公婆，脱离小媳妇的生活，到娘家暂避一段时间再说。故事的曲折性在于她在逃跑路上遇到了一位居心叵测的光棍汪锡，此人专门拐带良家妇女供不良之徒享用或卖给妓院，从中渔利。姚滴珠在他的蛊惑和设计下，与当地富户吴大郎非法同居长达两年左右。

[①] 参见凌濛初《初刻拍案惊奇》卷二。

再说潘家。潘家不见了儿媳，自然要清楚其中的缘由；而姚家得知自己的女儿在婆家失踪，自然也不会轻易罢休，双方因此闹上公堂。

面对此案，休宁县李知县一时之间难以决断，双方家长潘公、姚公因此被连累，免不了皮肉之苦。

姚家内亲周少溪一次偶然的机会在浙江衢州遇到一名娼妓，感觉此人与姚滴珠十分相似。姚滴珠之兄姚乙经过辨认，获知此女并非其妹，而是另有其人郑月娥。郑月娥原是衢州良家妇女，嫁给当地姜秀才为妾，起先不为姜家大娘子所容，后被姜秀才卖给当地妓院，因而衔恨。

姚乙将郑月娥冒充妹妹姚滴珠送给潘家，后被潘甲识破告官，事情至此基本清楚了。随着汪锡及其同伙程金（在强抢某大户汪家丫鬟的过程中因恐后者喊叫，导致后者被失手掐死）被捕，另一个同伙王婆自尽，案情大白于天下。

歙县方知县判程金绞刑、汪锡充军，解上府来。徽州梁太守在查明案情后，认为汪锡是首恶，喝令重杖六十，致使其当场气绝。真滴珠发还夫家，假滴珠官卖，姚乙充军。

吴大郎因为上下使钱，逃过惩罚。

姚公出钱，赎了郑月娥，让其随姚乙做妻。

一场闹剧终于落幕。

点评

这是不同朝代的两个假冒他人因而堪称传奇的故事。按照凌濛初在小说中的说法，南宋初年的那位假公主是为了贪图富贵，故而不惜铤而走险，最终被处死似乎并无太大遗憾。[①] 故事正文中的相关人物及其行动轨

[①] 当然，对于这位假公主的故事有另外的说法。据说当代一些历史学家认为，这位柔福公主（或应称"柔福帝姬"，因为政和三年（1113），蔡京建议仿照周代，故而宋室公主一律改称"帝姬"，南宋初年复称公主）其实是真的，只不过她在16岁时被金人掳掠北上，受尽凌辱。宋高宗之母韦妃后来被送回南宋，担心柔福泄露其当年不堪往事，故而强指为伪。参见360百科"柔福公主"，访问日期：2020 - 09 - 09。

迹与南宋的假冒故事有相同之处，但因为作者讲述得更为详细，与当时法律的联系更为紧密，因而更值得研究。

故事的正文给我们披露的信息应该是较为丰富的。首先，潘、姚两家儿女婚姻的缔结似乎在形式上合乎当时的法律与习俗，亦即"父母之命，媒妁之言"。当然，媒人对于男方家庭的经济状况有所隐瞒，以致女方家庭做出了错误的选择。我们可以设想，如果姚公知道男方是一个破落户子弟，正常情况下，他是不会将自己心爱的女儿嫁给对方的。

尽管潘甲与姚滴珠二人缺乏婚前的了解（这一点与中国古代社会的主流婚姻的缔结并无二致），潘家的经济状况较差也是一种现实的存在，但男女双方当事人基本和谐。故事的变化还是与潘家的生计窘迫有关，同时，不容忽视的是与潘家公公、婆婆的态度或行为处事有关。当然，面对公婆的强势，姚滴珠可以选择忍气吞声或遭受虐待。但是，我们的女主人公所做的选择是逃离婆家，暂时避开与公婆的矛盾。

那位贪图不义之财、后来被杖毙的汪锡的所作所为在法律上具有较大的风险，其行为无疑构成对当时法律的违反或冒犯，实际上挑战的是《大明律》对于婚姻家庭的保护。我们知道，《大明律》对于拐带良家妇女是要严惩的。

至于那位假冒姚滴珠的郑月娥的前夫姜秀才之所以被革除功名，原因应该是卖良为娼，其行为同样为《大明律》所禁止。程金被处死，原因是他在强行将良家妇女拐带的过程中，导致后者死亡。

那位逃脱了法律惩罚的吴大郎，其实侵害了他人的婚姻家庭关系，应当受到当时法律的严惩。他之所以逍遥于法外，显然是他的财富帮了他的忙。

充军刑在这篇故事出现了两次，其中一次是歙县方知县判处汪锡充军，后经徽州府梁太守改判为杖刑六十，并当场毙命。姚乙被判充军似乎没有争议；假冒姚滴珠的郑月娥被官卖，似乎也有法律上的依据。

2. 酒下酒赵尼媪迷花　机中机贾秀才报怨[①]：被害人的反击

> **故事梗概**

与冯梦龙的"三言"有所不同的是，凌濛初的这篇故事对于尼姑并无好感，至少在这一章如此。在"二拍"中，即便是不同时代，尼姑充当的角色多是协助奸人破坏他人家庭，尤其是协助不法之徒破坏当时社会中的上流社会家庭的邪恶之人。

故事先讲唐代的狄夫人，她原本正经，却因为对珠宝情有独钟，被惠澄尼姑和好色之徒滕生合谋行奸，最后被其夫察觉而严加防范，不能与滕生再度往来，抑郁而死。

故事正文与前述狄夫人和滕生的故事有所不同：婺州贾秀才之妻巫氏失身，纯属被不良的赵尼姑与浪荡子卜良（估计是"不良"的谐音）算计。赵尼姑明知巫氏沾酒即醉，却故意在米糕中掺入酒浆，使其昏睡，在其不能够抗拒的情况下让卜良奸计得逞。

> **点评**

故事正文中的卜良与赵尼姑所为，无论是在古代还是在现代，均无疑

---

① 参见凌濛初《初刻拍案惊奇》卷六。

二、"二拍"中的法律

属于一起强奸案,卜良与赵尼姑属于强奸案件的共犯,巫氏属于该案中的被害人。

在当时的语境下,像巫氏这样的被害人可能采取的应对是:选择忍气吞声,加害者因此不会受到处罚,甚或继续骚扰或要挟被害人一方;被害人不堪其扰,远走逃避或愤怒之下杀死加害者。或者选择自尽,譬如巫氏起先即有这方面的念头。此外的可能就是被害人一方选择报官,但是因为证据不足,加害者难以受到法律的处罚,被害人名声因而受损。所以,相比较而言,贾秀才与其妻巫氏后来的实际选择或许就是较为好的:既有力地处罚了恶人,又保护自己名节无亏。这种做法,也满足了一般读者的预期和想象。

当然,贾秀才夫妇这样的做法却不无法律上的危险:滥杀无辜和触犯法律。譬如,赵尼姑手下的那位小尼姑并未参与前述侵害巫氏的行为而遭贾秀才杀死;赵尼姑是否应该被处死,本应由官府依法了断;卜良倒是因此被官府活活打死,似乎是罪有应得,贾秀才夫妇却使之没有可能在断舌的情况下为自己辩白。

如果凌濛初的小说所言不虚,那么说明至少明朝地方官府的权力是很大的:不仅是府州一级,就是县官也可以在未经查实案情的情况下将嫌疑人活活打死,且无须承担任何责任。第二章的梁太守如此(下令六十大板痛打奸徒汪锡,致使其死于杖下),这一章的县官也是如此,且喝令痛打一百大板(奸徒卜良在当地无疑是臭名昭著且没有一个好身体,五十下即暴毙)。假如卜良是被冤枉的呢?岂不又是一桩冤案?![1]

---

[1] 关于五刑中较轻的笞杖刑可能导致致死人命的严重后果,明朝弘治六年(1493)大理寺少卿李东阳曾经有过一段精辟的论述。值得注意的是,孝宗弘治之世(明孝宗朱祐樘 1488 年至 1505 年在位,史称"弘治中兴")被认为是明朝最升平昌明的时期,各地官司用刑都如此酷滥,明朝其他时期的情况更不必论。自从洪武十四年(1381)明太祖朱元璋首开廷杖杀害工部尚书薛祥的恶例之后,明朝后来的皇帝诸如武宗、世宗等人时有廷杖违逆其意的大臣的情况。这种法外用刑的恶劣做法,即便是在整个古代社会也不多见。参见杨师群等著:《三千年冤狱》,江西高校出版社 1996 年版,第 383 页。

3. 乌将军一饭必酬　陈大郎三人重会[①]：
　　先后两个与强盗有关的故事

> **故事梗概**

在这一卷，作者首先对于"强盗"一词谈了自己的看法。然后，作者先后给我们讲了两个与强盗相关的故事。

第一个故事讲的是苏州的王生，他父母双亡，婶母杨氏孤身一人，将其收养，视如己出。成人后，王生意欲像父亲那样走经商之道。对此，婶母杨氏极力鼓励，并出资助其出远门。没有想到的是，王生三次乘船经商均遇到强盗打劫，随身银两悉数被夺，累计约千两以上，损失可谓惨重。特别离奇的是，三次打劫的均为同一伙强盗（第一次被劫在黄天荡，第二次在常州一带的孟河，第三次在从苏州去南京的水路上）。侥幸的是，这伙强盗谋财不害命，而且第三次打劫后或许是有些过意不去，这伙强盗将之前打劫的某个不知姓名的商人的货物苎麻两三百捆抛给王生，原因是该物不好出手，另外的意思可能是弥补这位屡次被抢劫的行商的损失吧。令王生与杨氏没有想到的是，为了避免日后麻烦，重新打包后，他们发现苎麻的主人为了防止被劫，在苎麻中间藏有不少银两，计有五千余两。依靠这笔巨资，加上后来经商不再遭遇强盗侵扰，商路平安，王生居然成为当地大富。

---

① 参见凌濛初《初刻拍案惊奇》卷八。

二、"二拍"中的法律

故事正文应该更为复杂:景泰年间,苏州府吴江县的陈大郎为本村欧阳家的上门女婿,原本过着平淡的生活,开有一个小店。某日,陈大郎在苏州置办货物后,偶遇一位不知道姓名和来历的、脸上长须甚多的男子。出于好意,陈大郎主动邀请该男子吃饭。对方问过陈大郎姓名、籍贯后,只说自己是浙江人,姓乌,他日必当重谢。陈大郎并不以为意,其家人则将信将疑。

某日,陈大郎之妻与妻弟二人前往崇明县看望生病的外婆,途中失踪。陈大郎分别在崇明县和苏州府进了状词,请人搜捕并悬赏银子20两。

从杭州乘船回家的陈大郎等人在海上被一阵大风吹到一个不知名的岛上,被岛上的强盗洗劫一空,性命难保。关键时刻,他们遇到昔日的那位浙江籍脸上多须的朋友"乌将军"。这位海匪头目感念陈大郎的一饭之恩,放过了被劫之人及其行李货物。而且,陈大郎之妻及其妻弟均在乌将军手上,也一并被乌将军的手下用海船送到其家。此后每年,陈大郎夫妇去普陀烧香,均由乌将军差人用海船送往,并有重金相赠,陈大郎回赠,乌将军则更有厚礼。

点评

这篇故事的主旨无疑是宣扬"盗亦有道"。第一个故事中的王生先后遭遇同一伙强盗,但因强盗恪守"谋财不害命"的原则,尽管王生随身携带的经商银两均被劫走,至少性命犹存。第二个故事中的乌将军一伙则未必"谋财不害命",只是因为乌将军此人多少存有一些感恩之心或感激陈大郎这位萍水相逢者的善意或大度,没有在劫财之后害命。至于此前或此后乌将军或其手下有无既谋财又害命,作为读者的我们是不得而知的。

读完以上两个与强盗有关的故事,我们需要讨论的问题至少包括下面五个。

(1) 两个故事均发生在明朝(王生的故事发生的时间在"近在",如果我们的估计不错,应该是明末。陈大郎与乌将军之间的故事发生的时间

◎ "水浒""二拍"中的法律

是"景泰年间",这一点比较明确,也就是在 1450 年至 1457 年,即明代宗朱祁钰在位期间)。王生经商经过的水路在长江一线,而且被劫的时间包括白天;陈大郎之妻和妻弟是在临近崇明县外婆家时被掳去的。上述线索足以说明当时的社会治理出了问题。而盗贼之所以猖獗,与地方官府的管理不力应该是可以联系在一起的。例如,第一个故事中的王生先后被劫三次,其中有的案件就发生在长江主航道上(例如,苏州到南京)。

(2)王生在第三次被打劫后接受强盗的货物(这当然并非无主物,也是强盗抢夺之前不知姓名的商人的,因为不好出售,故而才"转让"给这位倒霉的王生)在法律上不无风险。正因为如此,他在计划出售之前才将这批非经正常途径取得的货物或曰赃物在家中重新包装,并在无意中发现了货物真正的主人为避免损失而藏在货物中的巨额银两。不难设想,如果强盗开包发现了这笔巨款,是不会将此好处让与王生的。当然,作为故事作者的凌濛初要是依照法律人的思路去描写王生和杨氏在发现货物中隐藏的巨额银两后交给官府,那么,这篇故事的传奇色彩几乎可以肯定是不复存在了。

(3)后一个故事中的陈大郎与身为匪首的乌将军之间的关联度更深,因此也就更加复杂。如果依照当时的法律,陈大郎无疑有通匪的嫌疑。但是我们需要知道的是,故事作者宣扬的主旨不在于宣讲法律,而在于宣扬"盗亦有道"。

(4)银子应该是明朝社会生活、商品交易、流通过程中的主要货币,尽管随身携带不便,且不乏诸多风险。

(5)关于"强盗",《大明律》有颇为严厉的制裁规定。[①] 如果依照《大明律》的相关规定执行的话,估计无论是抢劫王生的那一伙强盗,还是"乌将军"这一伙强盗,都可能会死罪难逃。

---

① 参见雷梦麟撰:《读律琐言》,怀效锋、李俊点校,法律出版社 2000 年版,第 316－318 页。

4. 宣徽院仕女千秋会　清安寺夫妇笑啼缘[①]：死去活来的姻缘

> **故事梗概**

这一章仍然是先后两个故事。先是《太平广记》上的刘氏子，他少年豪侠，在一次与朋友打赌后，仗着酒性，独自一人到坟地将一个大包裹扛到住处，之后才发现是一个女尸。刘氏子为了显示自己胆大过人，竟然称女尸是自己的妻，并与女尸同眠，后者（出嫁路上突发疾病"死亡"）居然活了过来。因为之前刘氏子曾经托过媒人求亲，故而女方父母也不反对女儿转嫁给他。

正文故事发生在元代，本来门当户对的官宦之家的子女拜住和速哥失里二人缔结婚姻没有什么障碍。但是，男方父亲突然遭遇一场官司、下狱、染病，被允许回家调治，不久死在家中，全家人因此被传染，仅拜住一人存活了下来。女方父亲宣徽有意留拜住在自己家成亲、读书，"以图出身"，但是遭到其三夫人（速哥失里生母）反对未果。三夫人决定将速哥失里许配给他人，宣徽不敢反对，拜住知道后也不敢"相争"。

速哥失里在婚轿中自尽，拜住来到清安寺中痛哭，速哥失里活转过来。拜住许诺开棺后，寺中僧人可得随葬厚礼一半。之后，二人秘密来到上都生活。

[①] 参见凌濛初《初刻拍案惊奇》卷九。

◎ "水浒""二拍"中的法律

宣徽被任命为开平尹，随家眷赴任，急需一名馆客做记室，"代笔札之劳"。经人推荐，拜住拿着宣徽名帖前来相见。至此，一家老少重逢。

点评

凌濛初的这篇故事看似与当时（元朝）的法律关系不大，但也不无联系。

先谈谈法律之外的一些事情。蒙古人入主中原，建立起一个辽阔的帝国，汉化程度不可谓不高。如果这篇小说所述属实，那么我们可以读到，故事中的几位主人公已经具有非常高的汉文修养。例如，拜住之所以被宣徽看中，一个主要的原因就是其才思敏捷，吟诗作词的水平远超常人。

元朝同样也是一个讲究身份、地位的朝代。例如，拜住为宣徽的女儿吸引，向自己的父母透露求亲之意，其母觉得两家门当户对，就请媒人说合，女方父母欣然接受。我们知道，在元朝，色目人在法律地位上是仅次于蒙古人的。故事中的男女一号均出生在身份高贵的色目人之家，其婚姻的缔结应该没有问题。[1]

除了姓名不同于汉人，这篇故事中的某些官职的称呼同样具有较深的汉化成分，如宣徽院使。据相关学者研究，这一官职初设于唐代后期。再如，平章作为一种正式的官职，始于唐高宗年间，元朝也有这一官职（平章政事），地位在丞相之下。故事中的速哥失里后来被生母许给平章之子，完全属于门当户对。[2]

元代的僧侣是一个比较特殊的群体，在当时社会地位较高。例如，小说中的速哥失里被认为死亡，棺材停在清安寺，寺僧假借不得随意开棺，得到不少好处，实有敲诈之嫌。当然，这一情节也从一个侧面反映出当时

---

[1] 元朝建立后，实行所谓四等人制，依次为蒙古人、色目人、汉人、南人（最后被征服的原属南宋境内的各族）。四等人制使得元朝社会矛盾更为尖锐，加速了元朝的灭亡。参见韩儒林、陈得芝、邱树森、姚大力著：《元史》，中国大百科出版社2011年版，第45页。

[2] 相关研究显示，元代的宣徽院使品级为从一品，平章政事（四人）也是从一品。参见陈茂同著：《中国历代职官沿革史》，百花文艺出版社2005年版，第399页。

二、"二拍"中的法律

社会在殡葬方面其实是有较为严格规定的,不得轻易逾越或破坏。

"父母之命,媒妁之言"在故事中应当也是有所反映的。当然,男女双方在订婚前其实还是有较为有限的接触的。婚约应该获得法律上的约束,这一点可以从故事中提到的情节获得佐证:当拜住获知宣徽三夫人悔婚,将自己女儿许给平章之子,有意与之理论,只是因为"自知失势"而"不敢相争"。因此,如果当时的法律遵循汉制(更多的来自金朝法律,而金朝法律中汉化成分不算少),那么婚约是不敢随意破坏的。

5. 韩秀才乘乱聘娇妻　吴太守怜才主姻簿[①]：
一个有关婚约的故事

> **故事梗概**

　　故事先讲春秋时期郑国大夫公孙楚之妻徐氏慧眼识人，不嫁权势彰显的上大夫公孙黑，而是选择嫁给其从弟公孙楚。后来，公孙楚因为自卫，将全副武装、闯入家中欲行不轨的公孙黑刺伤，被贬到吴国安置。公孙黑后来因为作乱被迫自尽，正印了徐氏"不善终"的预言。

　　正文故事讲述"国朝"（明朝）正德年间浙江台州天台县的穷秀才韩子文孤身一人，年已二九，难以聘娶。嘉靖初年，民间传言皇上点秀女，恐慌之下，不少人纷纷将女儿匆匆许配或嫁人，其中就包括徽州来天台县开典当的金朝奉。惊慌间，他将女儿许与韩秀才。为防止对方反悔，韩秀才与金朝奉书面立约，并请友人两名为证。

　　不久，点秀传闻消散，金朝奉舅子程朝奉来到天台，意欲与之亲上加亲。由于担心韩秀才不允，金、程二人不惜虚构早年间两家有婚约，与韩秀才的婚约乃出于点秀传闻压力下的情非得已，并请台州人赵秀作证。

　　所幸台州吴太守不为虚言所惑，严审之下，发现金、程等人的破绽，最终判定韩秀才与金朝奉之女婚约有效，金、程等人被杖责，韩秀才如愿抱得美人归。后来韩秀才科举顺利，金朝奉之女也因此得享富贵。

---

① 参见凌濛初《初刻拍案惊奇》卷十。

点评

这篇正文故事与当时的法律，特别是当时的婚姻家庭法关系较为密切。毋庸讳言，古代社会对于婚姻家庭关系是极力维护的，对于敢于挑衅相关法律制度者，通常会予以严惩。例如，故事中的金、程等人以身试法，最终不仅受皮肉之苦，而且丢尽颜面。

应该说，故事中的韩秀才还是有较强的自我防范意识的。这一点，从他与金朝奉订立婚约、双方签字画押、证人见证并签字等足可看出。要求女方剪头发一缕并收藏，则是韩秀才在上述书面婚约的基础上，对于证据的加固。这些证据，也使得韩秀才在后来的争讼中处于有利的地位。

我们知道，在古代婚姻关系的缔结过程中，婚姻关系的当事人自己一般不具备签约主体的地位。我们读到的这篇故事中的韩秀才之所以能够自己与金朝奉签订婚约，只是因为他是孤身一人的穷秀才。另外，金朝奉之所以急着将自己的女儿许配给穷秀才，是因为民间传言皇帝选秀女，故而急切之间所做出的一种选择。如果在正常的情况下，估计这位金朝奉也不会如此行为。

再看悔婚的金朝奉以及试图以自己的儿子取代韩秀才的程朝奉，他们无疑清楚，要想悔婚另嫁或另娶并非易事，至少需要经过相应的法律程序。所以，通过合谋，二人不惜通过打官司的方式，来推翻金朝奉与韩秀才的婚约。当然，事情并非如金、程二人所愿。审理该案的太守并非昏庸之辈，在严密审查之下，金、程二人以及假冒昔日金、程两家婚约中人的赵孝受到惩处。最终，法律没有成为不法之徒达到其非法目的的工具。

6. 恶船家计赚假尸银　狠仆人误投真命状[①]：
理性和冷静真的很重要

> **故事梗概**

　　故事先从苏州府富户王甲与其世仇李乙之间的纠葛讲起。王甲在某晚伙同他人，脸上搽有色彩，闯入李家，致使对方当场死亡，破门而入并行凶杀人的这伙人没有获取财物而去。王甲行凶当时，李乙妻子蒋氏躲在床下，看到杀人者是一个脸上涂有红朱黑墨汁的长须大面的男子。

　　知县差应捕捉拿王甲。刑讯之下，王甲供认不讳，被下在死囚牢中。为逃脱法律严惩，王甲在狱中指使其子王小二重金请当地讼师邹老人帮忙。

　　邹老人通过浙江司郎中徐公，将官府近期抓捕的海盗中的两名苏州人攀扯为闯入李乙家杀人的真凶。邹老人出面买通上述两名海盗及其家属，两名海盗在供词中承认自己是杀害李乙的凶手。长洲县知县据此认定王甲无罪，予以释放。王甲回家后，却即刻毙命。

　　正文故事讲述发生在浙江温州永嘉县的王生与一位卖姜客商的纠葛，情节更为复杂。王生是一个读书人，尚未博取功名，家有薄产，足以生活；有妻刘氏，贤惠勤俭；此外还有一个两岁的女儿，十分可爱。一日，王生与几个友人踏青饮酒归来，见一个卖姜的外号"吕客人"的湖州商贩

[①]　参见凌濛初《初刻拍案惊奇》卷十一。

二、"二拍"中的法律

与自己两个家童因为价钱争执。处于醉酒状态的王生一时不冷静，竟然打了吕客人几拳，并将其推倒在地，导致其"闷倒"。王生猛然惊觉，所幸对方很快苏醒。王生请对方酒饭，又赠其白绢一匹，聊作赔罪之意。客人原谅了王生，往渡口而去。

当晚，渡口船户周四手持吕客人的竹篮、白绢匆匆来到王家，称吕客人死在自己船上。王生派人查看，果然有一尸骸在渡船上。情急之下，王生希望周四不要声张，帮助自己将尸骸悄悄埋在其父坟茔附近，并派家人胡阿虎等二人一同前往。为了不让官府知道此事，王生给周四银两一百，后者得银后，不再摆渡，开店过日。

再说王生。忽一日女儿病重（出痘），王生派胡阿虎请医生，后者却因贪酒误事，次日方回，且谎称医生不在，王生女儿医治不及时身亡。盛怒之下的王生暴打胡阿虎，后者衔恨，出首告官，王生因此入狱生病，并有死在狱中的可能。

正在愁苦之际，一天，王生妻子刘氏在家碰见来拜访的湖州商贩吕客人，方才知道船家周四借不明来历的死尸诈骗钱财。至此，真相大白。通晓文墨的刘氏不用讼师，自书状词，知县对案件重新审理。在吕客人以及其他人的见证下，周四无可抵赖，被知县下令活活打死。胡阿虎不承认与周四合谋，被知县喝令重打四十大板，不到四十即毙于堂前。

王生被释放回家。经此劫难，王生改变甚多，不再轻易与人争执，待人和善。经过十年苦读，终于进士及第。

点评

前后两个案件均可谓奇案。第一个案件中的富户王甲为报仇（世仇，原因不详），带人于深夜闯入被害人家中，致使被害人李乙当场死亡。为逃脱法律制裁，王甲指使儿子王小二出钱请讼师邹老人将苏州籍的两名海盗冒充真凶抵罪，机关不可谓不精致。只是"人算不如天算"，出狱后的王甲到家后即毙命。当然，作者这样处理更多的可能是为了宽慰读者，彰显"天网恢恢，疏而不漏"之意。但是，读者在宽慰之余，还是不免会存有几丝疑惑。

另外，值得讨论的是王甲作案时，脸上涂有红朱黑墨汁，意在掩饰自己的真实身份。作为案件目击证人的李乙妻子蒋氏（也是被害人家属）看见的杀人者是一个脸上涂有墨汁的长须大面的汉子，那么，她请人代书的状子应当属于证人证言，可以起到证成，即证明犯罪事实属实的作用。[①] 此外，"地方也来递失状"[②]。当然，这个案件的审理除了王甲（通过其子）在那位讼师邹老人的帮助下，以金钱开路，买通两个将被判死刑无疑的海盗顶罪，造成其最终逍遥法外之外，相关证据方面还是存在一定的疑虑的。因为，官府审理这起杀人案件时，主要依据的是被害人家属的证人证言。即便是抛开两家的世仇这种复杂的关系，单就证据来说，也显得并不扎实。因为，嫌疑人作案在夜半三更，可见度不高；另外，犯罪嫌疑人面部涂有红朱黑墨汁，难以辨认。仅凭嫌疑人是一个"长须大面的汉子"即对其定罪，很可能会造成冤狱。

浙江温州永嘉县王生的案件在情节方面更为复杂，但在逻辑上显得合理得多。这起案件当然是一起冤案，主要是由船户周四为谋求不义之财，诈骗王生而起。当然，王生其人的鲁莽和冲动使得他付出的代价是沉痛的：先是被别有用心的周四欺诈，后又被衔恨在心的胡阿虎首告。而他在案件完了之后的转变无疑是令人欣喜的。这一案件再次告诉我们：必要的理性和冷静真的很重要。

回到王生这个案件本身。能够指控他犯罪的证据是湖州商人吕客人随身携带的竹篮以及王生补偿给他的白绢一匹，此外的证据就是在渡船上的尸骸。当然，如果王生不心慌，看得仔细一些，就不会错认死尸是吕客人，也就不会有后面的埋尸、被家人胡阿虎首告等事情发生。

讼师在这篇故事中的第一个故事出现，且所起的作用很大，并瞒过官

---

① 参见祖伟著：《中国古代证据制度及其理据研究》，法律出版社2013年版，第51页。
② 失状：指被偷盗、抢劫的财物的清单。信息来源：百度百科"失状"，访问日期：2020 - 09 - 11。

府，使得杀人犯逃脱了法律的制裁。这位杀死李乙的罪犯王甲最终没有逃脱暴毙的命运，只好解释是遭到了天谴。第二个故事中，王生的妻子刘氏本来也可以依靠讼师（主要是书写状词），但因为她本人有一定文化，完全能够自书，所以讼师也就没有出现。如果仅凭这两个故事我们就说当时的社会讼师为人们所需，好像也说得过去。讼师发挥的作用如何，则要具体情况具体分析了。比如，第一个故事中的讼师邹老人，为了钱财，利用死罪难逃的海盗及其家属的特殊心理和需求，实际上骗过了官府，罪犯因此脱罪。

永嘉县知县的审判水平于此可以讨论一下：这位知县算不上昏庸，但也算不上专业。而且，其随意杖杀犯罪嫌疑人的行为如果放在今天，无疑够得上犯罪。案件中的周四诈骗他人钱财固然可恨，但似乎罪不至死；胡阿虎首告其主人在当时社会确实难容，但也不能够因此打死了事。当然，考虑到当时是一个严刑峻法的社会，是一个身份社会，再加上官府拥有的诸多权力，知县的所作所为似乎又可以理解。

7. 陶家翁大雨留宾　蒋震卿片言得妇[①]：私奔后的婚姻变奏曲

这一卷同样也是先后两个故事。

第一个故事发生在宋朝崇宁年间（1102—1106）。本贯浙西的王公子到都下会试。[②] 某日傍晚，王公子赴宴，路过一户人家，见一美貌女子在自家门前张望。饭后已是初更，王公子复过上述人家，绕到便门，就此发现女子与他人通过瓦片写字传递信息，计划私奔。

王公子就此截住私奔的女子（自称姓曹）及其奶娘，因为不便声张，在恐吓之下，三人只得在一起生活。

王公子未能榜上有名，其父得知其行径后甚怒，责令其速随去福建其父就任之处。曹女与奶娘在寓中守候，王公子杳无信息；曹女家中寡母伤心过度去世，昔日计划与其私奔的表哥害怕有牵连，也不知所终。无奈之下，曹女与奶娘打算寻找王公子，奶娘却在广陵（扬州）路上病故，曹女身上银两所剩无几，被歹人苏大所骗，沦为娼妓。

再说王公子。他两年的时间里随父亲在福建，这次准备再度参加会试。乡举同门广陵司理为其摆宴，官妓叩头送酒，内有一人极像曹女，但姓名不符（已经被改名为"苏媛"）。后经确认，查明事由，二人相聚。司理帮忙，追究苏大骗良为娼之罪，曹女脱除乐籍，与王公子生子。王公子

---

① 参见凌濛初《初刻拍案惊奇》卷十二。
② 会试是指中国古代科举制度中的中央考试。应考者为各省的举人，录取者称为"贡士"。信息来源：百度百科"会试"，访问日期：2020-01-31。当然，与上述百度百科提供的信息略有不同的是，凌濛初的这篇小说中讲到的王公子是北宋崇宁年间的考生，而不限于金元明清。笔者理解，至少在北宋，会试即已经存在。

后来官至尚书郎。

　　蒋震卿的故事情节与上述王公子几乎相同，结局则要好得多，中间少了女方（陶幼芳）沦落风尘的环节。而且，蒋震卿通过友人相助，最终赢得岳父母的谅解。

点评

　　古代中国社会婚姻实难称自由，故而未婚男女双方在婚前了解的机会有限。主流社会奉行的是"父母之命，媒妁之言"，讲究的是门当户对。凌濛初的这两个故事涉及的女主人公几乎都是通过自己有限的接触面来进行的极其有限的选择（都是表兄）。因此，尽管故事先后发生在北宋末年和明代，相隔数百年间，这种情况其实并未有大的改变。当然，这种情况的出现与当时未婚男女之间的接触机会有限有关，也与亲上加亲的观念等有关，此处不必多言。

　　谈到故事与古代中国法律的关系，我们发现，第一个故事与第二个故事相同的是：均涉及婚姻的缔结。这两个故事都没有经过"父母之命，媒妁之言"，而是当事人自由或半自由的选择。说是"半自由"，是因为这两个故事的男主人公几乎都有乘人之危之嫌。当然，他们后来都没有受到法律的惩处，估计一个主要的原因是女方未予追究或不愿追究。换言之，女方接受了男主人公的出现，尽管这种出现方式和事态的发展不在女主人公的预期之内。假设女主人公强烈反对，男主人公似乎难以得逞或难逃法律的惩罚。

　　两个故事中唯一得到法律惩罚的是第一个故事中的苏大，罪名是"骗良为娼"。此外，沦落风尘的女子要想脱贱籍十分困难，除非有贵人相助。在第一个故事中，曹女（"苏媛"）脱离贱籍就是依靠王公子的司理朋友。

8. 赵六老舐犊丧残生　张知县诛枭成铁案[①]：古代法律的伦理色彩

故事梗概

　　这一卷第一个故事讲述的是明朝正德年间（1506—1521）的事。松江府富民严家中年得子，对其极为宠溺。该子成年后与一班不良之徒混在一起，时常聚赌，耗去家中不少资财。一日，严父（"严公"）见儿子又在聚赌，想教训他一顿，不料反遭其子打落门齿。气愤不已的严公告至官府，严子极为畏惧，后在一个朋友丘三的帮助下将案情翻转为严公咬儿子耳朵，后者负痛而逃，因而导致严公齿落。松江知府审理此案，从轻发落严公儿子，仅杖责十下。后来，严公儿子幡然悔悟，得以善终。

　　第二个故事则没有光明的结局。这位舐犊丧残生的赵六老为了独生子耗尽家产并举债，最后迫于无奈，在中间人的再三上门催讨下，竟然在夜间做贼，被儿子误杀。这位不孝的儿子尽管没有受到重罪处罚，但也因此被重责四十。那位吝啬至极的儿媳殷氏因为多次探监、送饭染病而亡，不孝之子因为无人送饭饿死，其遗产无人继承，充抵还债，"其余所有，悉数入库"。

[①] 参见凌濛初《初刻拍案惊奇》卷十三。

二、"二拍"中的法律

> **点评**

第一个故事与法律的主要关系如下。

(1) 严子殴打父亲,依照当时法律规定应当判处死刑。当事人严家的儿子因为有一位狡诈的或曰善于钻法律空子的狐朋狗友丘三,性命算是保住了。而且,后来因此改邪归正,得以善终。

(2) 中国古代法律的伦理色彩由此可见一斑,其对于不同身份者的不同规定和保护使得其称得上是一种身份法。这种特殊性或者身份法的特征,在凌濛初的这两个故事中均有所体现。

(3) 这位在第一个故事中使得朋友严生起死回生的丘三,其身份在文中没有清楚的介绍,只说是在衙门里混的人,在其中发挥的作用令人玩味,可以说客观上大大缓解了当时法律的严苛性。

第二个故事中的不孝之子的养成,还是父母宠溺的恶果。只是这位种下恶果的赵六老夫妇家产或财力有限,只得依靠借贷支撑,为后来悲剧的产生埋下隐患。对于高利贷,当时的法律或官府似乎并无限制性规定或处罚。这一点,从后来官府对于赵六老之子赵聪夫妇无人继承的财产的处分来看,可以获得印证。

第二个故事中还有一个值得注意和讨论的问题是:古代监狱的条件及其治理确实比较差。我们在现实的史料或诸如"三言""二拍""水浒"这样的古代文学作品中多次读到类似的记叙。就凌濛初的这篇故事而言,监狱疾病的传染是一个问题,赵聪之妻就死于此;赵聪被饿死,间接原因也是因为监狱不提供饮食。因此,我们可以说,当时的狱政无疑是一个问题,但却不是统治者必须解决的问题。[1]

---

[1] 近年来,相关的研究表明,传统中国的监狱不同于现代监狱。由于经费短缺、县吏与狱卒贪求无度、狱中刑具过重或刑讯不及时等原因,禁囚难免体无完肤,有的甚至来不及等待判决即已命丧牢狱,此即所谓"一夫在囚,破家灭身"。参见刘馨珺著:《明镜高悬:南宋县衙的狱讼》,北京大学出版社2007年版,第173-174页。虽然刘馨珺的上述著作研究的是南宋年间的狱讼,但却不无普遍意义。

9. 酒谋财于郊肆恶　鬼对案杨化借尸[①]：
让鬼神作证或申冤

故事梗概

　　这一卷先后讲了三个故事。第一个故事讲的是，山东某耕夫耕作时，侵犯邻人墓道，双方发生口角，竟被对方打死。耕夫不久托生在右首邻家，打死人的这一方据此认为既然对方已经复生，则自己应该获释。官府详查之后，虽则"不准其诉"，但却颇感惊奇。

　　第二个故事讲述明朝嘉靖年间，山东人丁戍偶遇壮士卢疆，二人意气相投，结为兄弟。不久，卢疆盗情被官府察觉，下在狱中。丁戍前去探望，卢疆说出自己在某处埋有千金，请丁戍取出后帮忙搭救其出狱，或照管其在狱中衣食，或在其死后帮忙将其下葬。丁戍满口答应，却在见到银两后变心，勾结狱卒，害死卢疆，将银两大半挥霍。不料，卢疆冤魂缠身，丁戍到家后自残气绝。

　　第三个故事应该也是发生在明朝，出身于军籍的于得郊因为贪图银两，将前来山东即墨于家庄讨要"军装盘缠"的杨化杀死在路上，并将其尸体抛弃在海里。杨化尸体被冲到于家庄海面，并借助于家庄居民于得水之妻李氏的身体还魂，揭露于得郊罪行。地方老人与地方牌头等人闻知后，在于得郊家中搜出相关银两（二两八钱）以及杨化缠袋一条。知县经

[①] 参见凌濛初《初刻拍案惊奇》卷十四。

二、"二拍"中的法律

过审讯，确认凶手就是于得郊，与他人无关（于得郊另外攀扯三人为案件同谋），相关人员在供词上画押。案件先后经过知府、督抚、同知等审核，确认无疑。杨化托梦于得水，为感谢其妻李氏帮忙作证，特将自己生前骑过的蹇驴赠给对方。

点评

在难以有人证的情况下，借助鬼神是否也可以作证或申冤？这个问题，在这一章似乎不成问题。

中国古代社会官府办案不同于今日的一个显著方面就在于其不可能具备今天我们拥有的相对优越的办案条件、刑侦技术等，因此，假借鬼神或假托神意之类也就不足为奇。凌濛初的这篇小说先后讲述的三个故事可谓较为集中地体现了这一特色，值得讨论的地方也就较多。

先说第一个案件。耕作之时，"侵犯"邻人墓道原本小事一桩，但由于双方不冷静，口角之外拳脚相加，终于致死人命，实属过分。所谓死者托生在右首邻居之家，估计大半属于被告方的阴谋，不足为证。官府没有因此上当，可以说做出了正确的判断。

再说第二个故事。卢疆可能是一个作案多起、杀人越货的大盗，其千金之资不太可能出自正道，因而下狱不算冤枉。当然，可能是因为证据不够充分，所以暂时羁押在监牢。丁戌的问题在于见钱眼开，不择手段地陷害自己的结拜兄弟，借狱卒之手致使卢疆含恨死于狱中。其行为于情于理于法均有所亏欠，只是此事属于"天知地知，你知我知"，所以在现实生活中要想惩罚背信弃义的丁戌几乎不大可能，只好借助鬼魂附体，让作恶者自行了断。

后说第三个故事。其实，这一案件无须假借李氏之身即可破案。因为，杀人者于得郊与杨化是同行去往鳌山卫的，这个情节不属于秘密，杨化讨取"军装"，当地相关人士是知情的。如果鳌山卫追究此事，于得郊的嫌疑肯定最大。但是，描写冤死者尸体被海水冲到案发地一带、借李氏

177

◎ "水浒""二拍"中的法律

之身控告于得郊不仅显得神秘,而且更有说服力,对于案件的侦破和审理更为有力。当然,最终使得杀人者无可遁形的还是被抢劫的银两和装银两的缠袋。也就是说,仅凭上述相关证据,于得郊即难以自圆其说。

　　此外,凌濛初的这篇小说还给我们传递了诸多明代的相关信息。例如,知县、知府、督抚、同知等在第三个案件中的审判权及其分配和配置。虽然显得复杂,但也可以由此获知,至少在明代,存在上述这些官职,也知道其职权范围。

　　明代的卫所制度在第三个故事中也有所体现,其缺陷也由此可见一斑。凌濛初特意点明这个故事发生在万历二十一年(1593),距离明代建立卫所制度已经有二百多年。我们看到,卫所"军装盘缠"源自军人于守宗祖籍之地于姓同族的供给,其中的不便自不待言。这种有关卫所制度带来的不便之处,我们在冯梦龙的《醒世恒言》第十卷《刘小官雌雄兄弟》中同样可以看到。①

---

　　① 冯梦龙的《刘小官雌雄兄弟》这篇故事正文讲述善良的刘德夫妇在一个风雪天帮助六旬老军方勇及其随军的"儿子"的事。故事中的方勇自述自己祖籍山东济宁,是京师龙护卫的军士,要去原籍取讨军装盘缠。

10. 卫朝奉狠心盘贵产　陈秀才巧计赚原房[①]：
法律允许的智慧

> **故事梗概**

第一个故事讲的是杭州贾秀才帮助好友李生，使得其房屋从贪得无厌的和尚（西湖口昭庆寺僧人）手中原价赎回。

第二个故事讲的是南京有名的富家子陈秀才在大肆挥霍家产后陷入窘境，只得从开当铺的徽州商人卫朝奉手中接银三百两，三年后本利"却好一个对合"。不堪其扰的陈秀才只得将自己的一处庄房低价（估价千两银子以上，卫朝奉只认可价值六百两银）卖给贪得无厌的卫朝奉。后来在夫人马氏的帮助下，陈秀才巧计以原银六百两赎回庄房。陈秀才后来勤俭自持，再度成为富户，并举孝廉，"不仕而终"。

> **点评**

这一卷故事的主题应该是对于人性中的贪婪的抨击和讽刺。同时，与当时社会的法律等亦不无关系。

作者先后讲述了两个相关的故事。

前后两个故事情节应该不是太复杂，但是，同样涉及人性、法律与风

---

① 参见凌濛初《初刻拍案惊奇》卷十五。

俗习惯等。

先讨论第一个故事。李生家贫，与老母居住在自己的房子（大约价值三百余两银子）里。因为借了附近寺僧惠空银子五十两，三年后本利竟达一百两。寺僧找人终日索债，李生不得已，低价出卖房子给慧空，仅拿到三十多两银子的差价，只得与母亲租房度日，到后来欠房东三年房租共计十二两银。好友贾秀才急公好义，出银子先帮助李生偿还租金十二两，然后巧妙地假扮慧空调戏邻居女主人，利用慧空邻居的不满情绪将其赶走，以原价一百三十两银子帮助李生赎回原房。

第二个故事中的陈秀才则是在夫人马氏的帮助下（令卖掉庄房的陈秀才没有想到的是，马氏手上有千余之金，足可赎回庄房），利用不明死尸吓唬卫朝奉，迫使其以六百两银的价钱将庄房卖给陈秀才。

这里不说两个故事中的贾秀才和陈秀才智斗贪财而刁钻的对手的手段是否合理、合法，先谈谈故事中的相关法律问题。

问题一 高利贷在当时（如果我们所料不错，故事应该发生在明朝）是否允许？根据国内相关学者的专题性研究，明代是允许高利贷的，但是每月取利三分，年月虽多，不过一本一利。实际的情况是，不少的高利贷者并不受上述规定的约束。[①] 就我们读到的凌濛初的这一卷故事而言，第一个故事中的反面人物慧空似乎没有逾越相关规定的界限，但他故意压低李生房屋的价格，却无疑构成商业活动中的乘人之危。因此，慧空的这种行为显然不应当得到肯定和鼓励。第二个故事中的卫朝奉也是有乘人之危的嫌疑，因而受到相应的惩罚。

值得注意的是，即便是故事中的李生和陈秀才拿回了自己的不动产（房屋和庄房），但却无一例外的是在付出高利贷（一本一利）的情况下，通过民间自力救济或朋友相助的前提下获得的。换言之，即便是故事的作者凌濛初似乎也认为这种结局是可以接受的。

---

① 参见韩大成著：《明代高利贷资本的特点及其作用》，载《明史研究论丛》（第四辑），江苏古籍出版社1991年版。当然，明代高利贷资本的作用尤其是其消极作用值得注意和研究。韩大成的上述文章对此有较为精辟的论述，此处不再赘述。

问题二 关于故事中的房屋添附的问题。这个问题在前后两个故事中均出现过，而且是故事的反面角色慧空和卫朝奉分别拿来作为自己行为正当性辩解的理由或依据。中国古代社会是否存在这种制度的明文规定这里暂且不予讨论，仅从小说本身来看，添附是存在的，而且争议相关当事人也不反对所谓添附。不同的只是双方当事人的分歧在于，一方当事人所说的添附是否属实。通过阅读，读者了解到的情况是一方当事人即慧空和卫朝奉二人所说不实（慧空称自己在原房基础上增加披屋若干，用了不少材料，"值得多了"。卫朝奉称自己在原来庄房基础上增添不少房屋、花木等，要求陈秀才以千金赎回。当然，无论是慧空还是卫朝奉所言经过查证均不属实）。因此，赎回房屋或庄房的原所有人对所谓的添附完全可以不予补偿。

问题三 当事人为什么不打官司或寻求官府的帮助？第二个故事中的陈秀才觉得如果打官司自己应该有很大胜算，但决意以自己的智慧来战胜贪财的对方。第一个故事中的主导性人物贾秀才似乎没有考虑经过官府解决问题，而是同样相信自己的智慧。当然，如果打官司，姑且不论相应成本，更为重要的是其结果的不确定性可想而知。

11. 张溜儿熟布迷魂局　陆蕙娘立决到头缘[①]：
续弦与骗局

> 故事梗概

这一卷涉及诈骗。第一个故事讲的是明朝万历十六年（1588），浙江杭州府北门外的居民鳏夫扈老汉与两个儿子和两个儿媳共同生活。某日，两个儿媳出于同情，收留了某位自称打算去官府告自己儿子、儿媳忤逆的中年寡妇，扈老汉与自己的两个儿子回来后没有异议。不久，那位寡妇的儿子等人上门，与扈老汉一家认作亲戚。之后不久，扈老汉的两个儿媳被对方设计骗走，不知所终。

第二个故事讲的是浙江嘉兴才子沈灿若年轻丧偶，在旁人劝说下，有意续弦，险些落入京城地痞和骗子张溜儿的圈套中。所幸的是，被迫参与行骗的张溜儿之妻陆蕙娘决意摆脱这种不法生活状态，告知沈灿若内中实情。结果，惯于行骗的张溜儿不仅行骗未成，反倒赔上了自己的妻子。

> 点评

诈骗在古代社会也是一种屡见不鲜的犯罪行为，行骗者一般利用被害人一方的认知能力较低或信息不对称，以售其奸。

---

① 参见凌濛初《初刻拍案惊奇》卷十六。

二、"二拍"中的法律

具体到我们读到的凌濛初的这两个故事，不难发现，行骗者正是利用被害人一方对于其真实意图或不法目的没有基本的了解而下手。第一个故事中的扈老汉就是如此，他轻信对方的一面之词，没有足够的自我保护意识。在时间完全充足、条件完全允许的情况下没有去做相应的调查，只是天真地相信对方的话，失去必要的警惕性。如此不设防的人生态度，决定了后来的惨痛结局。可以想象的是，案件发生后，被害人一方难以获得官府的帮助，只得承担相应的损失。

第二个故事中的被害人沈灿与扈老汉有相同之处，都是缺乏应有的警惕性或对于陌生人应有的提防之心，就盲目地信任对方，以致差一点上当受骗。沈灿之所以逃脱了对方的骗局，并不是因为他在这方面有超过第一个故事中的扈老汉父子的人生智慧，而是因为参与行骗的当事人之妻陆蕙娘厌倦了这种行骗的勾当。

所以，就凌濛初讲述的这两个故事而言，其意在警示善良的人们不要轻信他人。但是，其间所涉及的问题却与当时的社会、人心、法律等有关。就法律方面来看，明代的法律对于此类诈骗行为是持予以坚决打击的态度的。

12. 西山观设箓度亡魂　开封府备棺追活命[1]：人性与法律

> **故事梗概**

故事先讲的是宋代淳熙年间（1174—1189）福州任道元一向奉道虔诚，但后来却有些懈怠。更严重的是，淳熙十三年的上元夜，任道元主持坛事之时，竟然对两名女性在语言上多有调戏之意。不久，任道元患上怪病，不治而亡。

正文故事估计读过"二拍"的读者大都比较熟悉，讲述的是宋代开封府的年轻寡妇吴氏不堪寂寞，与附近西山观的道人勾搭。因为其子刘达生屡次阻挠其母与道士的劣行，吴氏与道士合谋，设计欲借官府之手，除掉"不孝之子"。所幸开封府府尹李杰没有被表象迷惑，并经过查实，推定吴氏与道士必有奸情。最终，道士被严刑拷打并钉在棺材之中。吴氏因为有其子维护，没有落至与道士同样的下场，但在被释放回家后郁郁而终。

> **点评**

这一卷显然是抨击某些不良道士的。第一个故事与法律关系不大，任道元之死似乎罪不当此。应当说，信教之人应当注意自己的言行。如果轻

---

[1] 参见凌濛初《初刻拍案惊奇》卷十七。

佻，则实不应当。当然，如果我们结合故事后面谈到的情况来看（任不久患上怪病），我们可以猜想，这位任道元先生不正常的举止是否属于某种病态的表现。

第二个故事与法律、人性等联系紧密。年轻的寡妇吴氏在丈夫去世后本来可以改嫁，中国古代社会对于寡妇再嫁并无非常严苛的限制。如果这个故事中的吴氏改嫁，应该说并无太大的制度性障碍。当然，故事没有谈到这一点，故而读者也就不得而知了。最后的情况是，吴氏为了满足自身生理需求便于与道士勾搭等，与逐渐长大的儿子之间产生剧烈冲突，竟然欲置其亲生之子于死地。当然，直接杀死自己的儿子很可能会引起他人的怀疑以及官府的追究，而假借"不孝"之名借官府之手除掉业已成为仇敌的儿子则是更为高明的手段。事情的结局自然没有遂吴氏和道士之意，而是走向其反面。

当然，故事中的开封府尹有权对案件进行审理和定性。但是，我们今天看来，其拥有的生杀予夺的权力却无疑过大。权力过大的结果是道士在被严刑拷打（当时法律上刑讯是准许的）后，活活地被钉死在棺材里，这位府尹对此却无须承担任何责任。

13. 李公佐巧解梦中言，谢小娥智擒船上盗①：元和年间的奇案

故事梗概

凌濛初的这个故事几乎是唐人《太平广记·谢小娥传》的翻版或改写，发生在唐代元和年间。②

故事的冲突在于年轻、刚为人妇不久的谢小娥随同父、夫等人在鄱阳湖口行船之时，忽然遭到一伙来历不明的江洋大盗打劫，除了谢小娥，数十人被强盗全数杀害，所有财货被尽数抢走。谢小娥因为反应快，躲在船舵上而幸免于难。

好心的渔家老夫妇搭救了谢小娥，但因考虑好心人负担不起养她，小娥决定乞讨为生，暂居在建业上元县的妙居寺，由于大仇未报而没有出家。

一日梦中，小娥听到父亲、丈夫分别提到凶手的名字"车中猴，门东草""禾中走，一日夫"。询问多人，均不得其解。后来还是通过高僧齐物引荐，在元和八年春，洪州判官李公佐推算出凶手分别是申兰、申春。

为寻访仇人，小娥假扮男子，改名谢保，通过打零工的方式"日逐在埠头伺候"。某天，小娥随商船到达浔阳郡，偶然得知某位叫申兰的人要

---

① 参见凌濛初《初刻拍案惊奇》卷十九。
② 唐代元和年间指 806 年到 820 年。"元和"是唐宪宗李纯的年号。宪宗在位期间，唐朝出现过短暂统一，史称"元和中兴"。信息来源：百度百科，访问日期：2020-02-02。

二、"二拍"中的法律

雇用人，于是以谢保的身份进入申家，因勤勉能干而留在申家。后来，小娥利用申家宴请群盗的机会，灌醉二申，借机杀死申兰，请申家邻居帮忙捆了申春等人，于次日早上送交浔阳太守。太守张公经过详细审讯，查明真相，将众盗尽数擒获，申春下在死牢，并请朝廷免小娥死罪。不久，朝廷明旨，免去小娥死罪，旌表其庐，申春处死。此事轰动一时，求聘者无数，但小娥决意践行前诺出家。

元和十三年六月，李公佐被招入长安，途经泗滨，拜访善义寺尼师大德，其中有一个尼姑自称谢小娥，特来感谢李公佐，并详细讲述前后经过。李公佐感其动人事迹，撰文写就《谢小娥传》，载入《太平广记》。

点评

凌濛初的这篇小说倒是只讲述了一个故事，而非两个或两个以上。当然，这篇故事的传奇性、生动性不亚于《初刻拍案惊奇》中的其他故事。而且，由于这个故事有很大的可信度或真实性，因而更加令人关注。又由于其与唐代社会的某些人群的生活状况、生活轨迹等紧密相连，与唐代的法律的关联度很强，更加值得研究。

当时的法律无疑是我们关注的重点。我们知道，李唐王朝建立之初即十分重视法律制度等的建设。就立法而言，唐初在武德（618—626）、贞观（627—649）、永徽（650—655）年间曾经有过三次大规模的立法活动，律令格式等成为唐代（618—907）主要的法律形式。唐代是古代中国社会较为强盛的时期，法律对于当时社会的治理所起到的作用无疑是比较重要的。[1]

具体到我们讨论的谢小娥所处的唐代元和年间，在历史上被称为"元和中兴"，应当是较为稳定的时期。至少，从故事本身，我们看不到唐朝

---

[1] 当然，"安史之乱"时期和藩镇割据以及唐末黄巢起义时期等，使得中央政府的控制力下降，法律制度的实施不可能不受到影响。

政府对于社会治理松弛或不力的状况。例如，浔阳太守对于谢小娥杀死申兰、送申春等人到案以及根据谢小娥提供的名单及时捉拿其他参与作案的强盗的情况足以证明，在地方一级，社会治理、法律实施的状况尚未产生根本性的恶化。或者换言之，这一时期的社会治理尚属正常。

正常之外，也存在某些不正常的因素。例如，申兰一家以及其他与之有联系的强盗的巨富尽管来历不明，邻居也多有怀疑，但因没有什么证据，也就只好存疑。另外一个令人不解的事实就是，在一家数十口（包括其父、夫之外的两家的子、侄、仆等）被残杀之后，官府居然没有出面调查、取证。原因或许就是谢小娥没有报案。

证据在案件审理过程中无疑是至为重要的因素。这一点，这篇故事没有回避。但是，确认凶手应该是侦破案件的首要前提。因为凶手与谢小娥在案发之前并无交集，所以要指认凶手存在很大的困难，而这一难题的解开却有赖于案发后的死者托梦。梦中死者给出的字谜同样不容易解答，只有等到明察的洪州判官李公佐出现后方可有明确的答案。而要对应申兰、申春等人，在当时的历史条件下，却又不可能依靠我们今天拥有的科技手段，诸如户籍信息联网等，只能依靠谢小娥本人坚持不懈的暗访。所幸的是，可能是由于案发鄱阳湖口，化名谢保的谢小娥沿着浔阳郡一带搜寻凶手的大方向正确。如果说大盗申兰有什么可疑之处，那其最大的嫌疑就是后来在他家中搜出不少财物，包括有谢小娥家名字、记号的金银器皿。仅凭这些证据或赃物申家即难以脱罪。所以，申春以及群盗一一伏法，申兰之妻蔺氏和家中两个丫鬟（此三人应该知道申家兄弟等人的罪恶勾当）被讨保官卖似乎并无不当。

从这篇故事来看，当时的社会并不鼓励私人复仇，即使是对方罪不可赦。所以，是否赦免谢小娥杀死申兰之罪，还得上报朝廷。

至少在明代，"江洋大盗"成为一种特指的名词，相关行为人是法律严惩的对象。就这篇发生在唐代的故事而言，申兰、申春等人纠集在一起在鄱阳湖等地杀人越货，作案多起，罪行累累，属于典型的江洋大盗。

14. 夺风情村妇捐躯　假天语幕僚断狱①：
　　　　　　　　　　判决及其存疑

故事梗概

故事先从临安郑举人讲起。此人在当地庆福寺读书，与寺僧广明相熟，彼此谈得来。一次，郑举人偶然发现广明在寺内一间小房子里藏匿来历不明的美貌少妇，并在正当防卫的情况下巧妙地先下了手，将试图杀掉自己的广明杀死。县官审理此案，真相大白，将"这一房僧众尽行屠戮了"。

第二个故事也是涉及僧人不守戒条，与回婆家的村妇淫乱，其中的老僧大觉竟然在淫乱过程中将村妇残杀并偷埋在寺中后园。断事林大合密遣一名门子打听消息，最终捉拿真凶，勘破此案。老僧伏法，另外一名参与淫乱和埋尸的年轻和尚智圆"同奸不首，问徒三年，满日还俗当差"。

点评

故事中两个案件的发生有一个共同点，即犯事的和尚不守佛门戒条，以致受到严惩。

先来看第一个故事。寺僧广明私藏民间女子供自己淫乐，显然是触犯

---

① 参见凌濛初《初刻拍案惊奇》卷二十六。

了古代僧人应该遵守的"十戒"中的第三条"不邪淫"。被其拘禁的妇女并非出于自愿，广明因此有强奸的嫌疑；即便被私藏的妇女没有受到强迫，广明也侵害了法律对于婚姻和家庭的保护。而且，恶行被他人发现后，广明意欲杀人灭口，被借住读书的郑举人打死。郑举人的这种行为应该属于正当防卫，不负法律责任。县官依职权审理案件，依法做出相应的处理，似乎没有什么问题。当然，就今天的我们来看，县官的行为明显超出必要的限度。因为，如果说广明是罪有应得的话，那么庆福寺的其他僧人如果没有参与挟持和拘禁妇女等不法行为（小说中并没有提到这一点），县官下令将一寺僧众尽行屠戮无疑是草菅人命的行为。

　　第二个故事中的幕僚林大合对于案件的处理则要合理得多。可以说临时代理县官之责（因为该县大尹空缺）的林大合首先区分了案件中的首从，因而作出的处罚各有不同。

15. 顾阿秀喜舍檀那物　崔俊臣巧会芙蓉屏[①]：破镜重圆的故事

故事梗概

这一卷分别讲述两个故事。第一个故事发生在宋朝（估计是南宋年间），故事中的王公或王从事[②]在临安调官[③]，因为嫌租赁的民房狭小，搬到一个更宽敞的房屋。令人没有想到的是，其妻被人骗至轿内，不知去向。五年后，王公选了衢州教授[④]。某日，衢州某县宰（县令）宴请王公，后者吃鳖时，感觉有其妻的烹调风味。后来得知，县宰数年前以三十万钱纳有一妾，不想却是王公之妻，于是王公夫妻团圆。遗憾的是，当年拐骗之人无从擒获。

第二个故事与第一个故事有相似之处，也是一位名叫崔俊臣的官员被选任浙江永嘉县尉，携夫人王氏和仆从等赴任。不料，船家顾阿秀见财起意，杀了崔俊臣仆从，抢得所有财物，将崔俊臣推入水中，仅留下王氏，欲做其次子之妻。王氏假意应承，乘机在途中逃脱，暂居一个尼姑庵避难。某日，顾阿秀等人将抢得的芙蓉画屏赠与王氏所在的尼姑庵，由此，

[①] 参见凌濛初《初刻拍案惊奇》卷二十七。
[②] 这里"从事"应该是古代的从吏史，开始于汉代，为刺史的佐吏。隋朝已经不再称"从事"，而改称"参军"。估计故事里沿袭古代的称呼，"从事"作为官员佐吏的本义大致不变。相关信息请参见"百度知道"，访问日期：2020-02-03。
[③] 这里"调官"应该是等候官职任命。
[④] 古代的"教授"应该是官职，据说最早出现在汉代。宋代府、县学中的"教授"是地方上专门管理教育等相关事宜的长官，官职正七品。信息来源：搜狐网，访问日期：2020-02-03。

王氏获知顾阿秀有作案的重大嫌疑。在赋闲在家的御史大夫高公等人的帮助下，顾阿秀等强盗被一网打尽，受到法律的制裁。崔俊臣（未死，因故在高公家给其孙教学）和夫人团圆，并赴任永嘉县。

点评

第一个故事多少有些缺憾。王公夫妇团圆值得庆贺，但是王妻一度被卖给他人为妾。而且，作恶之人不知所终，没有受到应有的惩罚。

第二个故事发生在元朝，结局看似完美，但也不无值得讨论之处。

无论古今中外，犯罪均是一种不可避免的存在。正因为如此，对它的打击与预防等也从未断绝。就第一个故事分析来看，犯罪行为人构成拐骗和贩卖人口罪。故事中的县宰实际上有一定的法律风险：不知对方来历即娶为小妾。

第二个故事中的顾阿秀等人属于杀人越货，罪大恶极，因而受到不分首从一律枭斩示众，决不待时的严惩。当然，在这种看似完美的结局后面，不分首从一律枭斩，决不待时的做法，是否存在冤杀或滥杀的嫌疑则值得我们思考。这种过于粗糙的司法方式，显然不仅与今天我们主张的刑法谦抑性大相径庭，也和古代中国社会的慎刑思想相违背。

16. 通闱闼坚心灯火　闹囹圄捷报旗铃[①]：科举与婚姻

> **故事梗概**

这一卷的话题主要与隋唐以来中国盛行的科举制度有关。

第一个故事发生在唐朝。举子赵琮春试屡次不中，为人所轻。后来，其岳父一家也对其渐渐轻慢起来。没有想到的是，"春设"那一天，众人热闹庆贺之时，京中喜报传来，赵琮金榜题名及第，岳父一家因此转变态度，原来不受待见的赵琮之妻一时之间成为大家关爱的焦点人物，人情冷暖，由此可见。

第二个故事比较曲折。宋朝端平年间，浙东仕宦之家张幼谦秀才家道中落，其父主要依靠给官府做书记或馆谷为生。[②] 幼谦小时候与邻居富户罗仁卿的女儿惜惜一起读书。因为同一天出生，年貌相当，被人戏称有夫妻相。后来惜惜不再读书，二人不便往来。幼谦母亲知道儿子心事，请媒人到罗家做媒。罗仁卿提出，只有幼谦及第做官，才可以将女儿嫁给他。因为张家没有下聘礼，其后不久，罗仁卿接受了巨富之家辛家的求亲。

幼谦与惜惜暗中频频往来，将生米煮成熟饭。心生疑窦的罗家父母在某晚将潜藏在罗家的幼谦抓住送官，县宰识才，有心成全幼谦，但是恼怒

[①] 参见凌濛初《初刻拍案惊奇》卷二十九。
[②] 书记：古代所谓"书记"应该是指没有官职或实权的人员。馆谷：指的是请人食宿在家，教导子弟读书学习，后引申为教书。信息来源：搜狗搜索，访问日期：2020-02-03。

◎"水浒""二拍"中的法律

的罗仁卿与辛家执意不肯。身陷囹圄的幼谦忽然接到"帅府捷报",县宰迅即将其释放。太守接到张幼谦之父所在的湖北帅府相托的书信,说服辛家不再告幼谦,后者只得写了休了罗家亲事的状纸,追回聘财。在太守、县宰的帮助下,幼谦、惜惜二人终成眷属。

点评

首先,我们要说的是,这篇小说读来多少有些幽默。

先讨论第一个故事。本故事与法律关系不大,与俗世的人情或世态炎凉则无疑联系较为紧密。故事告诉我们,即便是亲人之间,如果没有相应的或较为对等的实力(这种实力可以是金钱,也可以是地位),也难以获得尊重。

第二个故事的启示也是如此。如果说它与法律的联系,那就是在第二个故事中,法律对于古老的"父母之命,媒妁之言"是予以保护的。辛家之所以执意不肯轻言放弃这门实际上大家都不看好的婚约,也是因为其与罗家有法律和习俗均认可的聘财。这种聘财在这里并非只是一种金钱的给予,其实更是一种具有法律效力的行为,不容轻易改动或废止。因此,幼谦与惜惜的婚前性行为实际上被视为对于这种婚约的冒犯,故而被送至官府并羁押顺理成章。当然,后来辛家通过休书的方式解除与罗家的婚约可谓并非出于自愿,而是在太守的说服或无形的压力之下所为。当然,辛家也可以将这场官司打下去,但结果如何殊难预料。

17. 王大使威行部下　李参军冤报生前[①]：
　　没有人证又何妨

故事梗概

先是唐轶史上讲述的故事。某僧一日在路途中偶见一位正在采桑的女子，询问附近何处有化斋的人家。女子称此处不远三四里有一户姓王的老人家，他们极好设宴款待僧人。僧人立即前往王家，果然如此。王家夫妇出于好奇，前来女子家里，想了解其为何清楚自己喜好款待僧人，由此揭出该女子的三世：第一世随父兄一起贩羊，借宿王家，被其杀害；第二世投胎在王家，二十岁时病逝；第三世投胎农家卢家，亦即采桑女本人。所谓一生被害，一生索债，一生证明讨命。

第二个故事来自宋《夷坚志》。吴江县的吴将仕壬午年间，虏骑破城，乘乱杀害一个少年，劫去其随身财物；吴氏之子云郎，却是被害人投胎吴家。此亦一世被害，一生索债。

第三个故事与上述两个故事的不同在于：被害人王大使不记得前世被人所害，但是，遇到杀人者李参军却十分厌憎，尽管后者在接待过程中并未有过失，却被莫名下狱并被喝令斩首。事情的真相只有李参军自己知道，上司深州太守经过与李参军交谈后方才获知。

[①] 参见凌濛初《初刻拍案惊奇》卷三十。

◎"水浒""二拍"中的法律

> 点评

  这一卷应该属于超现实主义的故事了。

  现世报与来世报，至少在古代中国社会是有部分人相信的。凌濛初的这一卷涉及的就是来世报的问题，而且不只是一世、二世报，甚至还有三世报的，读来不禁令人感到惊悚。

  当然，超现实主义的故事与真实事件的区别在于其不可验证，看似虚构。但是，其在虚构的同时，不免带有现实主义的色彩，或者与现实生活相关，或者折射现实生活。例如，明代著名长篇白话小说《西游记》经过考证，被认为是作者吴承恩先生对于现实生活的某种关照和曲笔的反映。凌濛初讲述的这一卷中的先后三个故事未尝没有这方面的特色。当然，故事无一例外地提到了相关当事人（即被报应者）是在没有人证的特殊情况下作的案。因此，要想依据当时的相关法律来惩办作恶者几乎是不可能。要想实现正义、公平可谓难上加难，而要不至于让凶犯逃脱惩罚，似乎也只有超现实这一途。所以，在这种情况下，通过来世报这样的大快人心的手法，实在是符合一般读者的预期或想象。

18. 何道士因术成奸　周经历因奸破贼[①]：
两起谋反案件及其结局

> **故事梗概**

这一卷，先后涉及两个故事。

第一个故事讲述唐代乾符年间，上党樵夫侯元偶遇仙人，传他仙术，让其熟习，可以得些小福分，但不可图谋不轨。侯元没有遵照仙人教诲，聚众暴乱，后被斩于阵前，余党遂散。

第二个故事却是与明朝著名的唐赛儿起义的事迹或传说联系在一起。当然，唐赛儿在凌濛初的这篇故事中被描黑，相关的历史人物的可信度也大打折扣。例如，明朝派出镇压的官员的姓名与真实的历史记载不相符合。

> **点评**

两个故事的真伪，特别是第二个故事的真伪只好留待严肃的历史学家去考证了，这个问题不是笔者在这里能够解决得了的。

这里，我们需要考察的是与中国古代相关法律联系在一起的问题，其中的重点无疑是针对"民变"或"盗乱"这样的事件，官府应当如何应对以及法律上作何规定等。

---

① 参见凌濛初《初刻拍案惊奇》卷三十一。

对于叛乱这样的问题，古代中国法律通常采取的是严惩不贷的态度。例如，隋唐以来，法律上明确规定"十恶不赦"，十恶之首就是"谋反"。

因此，无论是第一个故事中的侯元，还是第二个故事中的唐赛儿，他们聚众造反，与朝廷作对，无疑构成谋反，在当时的主流社会看来，谋反这样的行为受到镇压和严惩天经地义。

当然，借助宗教或超自然的形式扩大自身的影响力历来不乏其例。故事中的侯元如此，唐赛儿或者其他人亦复如此。侯元也可能是假称得到仙人真传，迷惑众人，其结局是被斩于阵前，估计此人实际上并没有什么仙术。唐赛儿极有可能只是一个江湖传说，作用同样应该是用来蒙人的。所以，明朝政府连续审问多人（据说万人以上），却根本找不到唐赛儿的踪迹。

19. 乔兑换胡子宣淫　显报施卧师入定[①]：科举、民风与法律

:::
故事梗概
:::

这一卷第一个故事讲述宋朝淳熙年间，舒州秀才刘尧举随父亲平江赴任自己参加秋试途中，见到船家女儿年轻貌美，与之私定终身，但却榜上无名。

到第二科，刘尧举却一举成名，"领了首鉴"。回头再寻船家美女，却难以见到其踪影，故而遗恨终身。

第二个故事发生在明朝的汉沔一带，此时当地民风不正，某些人家喜欢让自家美妻招摇过市，让他人评说，满足虚荣心。故事主要围绕富户铁生夫妇与胡生夫妇展开，铁生娶得十分美貌的妻子狄氏，却有心与对方兑妻淫乐。最终结果，狄氏与胡生勾搭，但却先后病逝和伤逝。铁生在胡生病重期间，与胡妻门氏勾搭，并在胡生和狄氏先后去世后娶门氏为妻。

:::
点评
:::

第一个故事似乎与法律联系不大，与科举倒是关联紧密，无形中让读者知道科举取士的偶然性成分有时还比较大。譬如，刘尧举第一科其实应

---

① 参见凌濛初《初刻拍案惊奇》卷三十二。

该可以中举。但是，因为两位考官对于第一名的看法产生分歧，其中一名考官为了证明自己眼力不错，竟然导致刘尧举落选，直到第二科（估计两年后）才一举高中。如果是这样的话，那位考官确实有眼力，但却苦了刘尧举，使得其美好姻缘落空，因此而遗恨不已。而且，所谓德行有亏的说法也就不存在。当然，考虑到古代中国社会对于婚前性行为的排斥和反对态度，凌濛初在这一卷想要表达的主题思想也就充分展现出来。

  第二个故事不仅关乎明代某一时期、某一地区的不正民风，而且，与法律不无关系。因为，这个故事中主要人物穷奢极欲的行为实际上具有法律上的风险，是对当时婚姻家庭制度的一种侵犯。但是，作者并未展示法律对于此类问题的惩处。原因是此类行为较为隐蔽，限于当事人之间，法律的介入既不合适，也无必要。所以，通过神明和现世报的方式似乎更为恰当。

20. 张员外义抚螟蛉子　包龙图智赚合同文[①]：
分家析产的故事

故事梗概

这一卷第一个故事我们读来有似曾相识之感，因为它与冯梦龙的《滕大尹鬼断家私》的故事雷同。故事梗概为：

汴梁富户张老，年过六旬，只有一女，招了个女婿上门，指望女儿和女婿为其养老送终。因为外孙的一句话，张老决意再婚，娶妻鲁氏并如意获得一子。为防止死后家产纠纷，特别是女儿一家争财竞产，张老立下亲笔书面遗嘱一份。后来，经过知县的解读，其财产由其子张一继承。

第二个故事则相对复杂，介绍的是宋代汴梁居民刘天瑞在荒年之时，携妻子和三岁男孩刘安住远走山西潞州高平县下马村。走前，与兄长刘天祥、未来亲家翁李社长写下书面合同，主要对兄弟之间的共同财产（未曾分割）予以说明和证明。

在山西潞州高平县下马村，当地富户张员外夫妇认安住为义子，改名张安住，两家往来亲密。后来，刘天瑞夫妇相继病逝，暂时安葬在下马村。安住十八岁那年，携带双亲骨殖还乡埋葬，并打算处分父亲的遗产。再说刘天祥之妻杨氏，已经将女婿招上门，决意独占刘家财产，故而不认安住，隐匿其合同文书，并将其头部打破。安住与李社长一同赴开封府状

[①] 参见凌濛初《初刻拍案惊奇》卷三十三。

告伯父一家，包龙图详细了解案情，最后做出相应的判决，完满解决纠纷。

点评

  这一卷的两个故事均与分家析产有关。而且，相关官员审理案件的依据主要是相关的书面遗嘱或当事人之间的所谓的"合同文书"。第二个故事中的"合同"实际上应该是刘天祥、刘天瑞兄弟之间关于共同财产的证明，李社长在这份"合同"中起到的主要是一个见证人的作用。当然，由于他与刘天瑞约为儿女亲家，故而他的证明力相对较弱。

  第一个故事的情节与冯梦龙的《滕大尹鬼断家私》的情节颇为相像，所不同的是故事中的汴梁富户张老并没有这么老，因而其娶妻生子可能更为可信。这个故事的情节也没有冯梦龙的《滕大尹鬼断家私》的情节这么复杂，双方当事人争议解决的主要依据就是张老本人去世前留下的书面遗嘱及其解读。因为古代中国的书面文字是不断句的，对于文字的解读也就会产生分歧。也正因为如此，张老的女婿认为"财产尽与"亦即遗产全数属于自己；后来，知县的解读则完全推翻了这位女婿的理解，相关财产的归属也就彻底易主。在官府权力几乎不受制约的情况下，官府的解读也就几乎不容置疑。而且，相应的执行也不会遭到抵制。换言之，不存在所谓"执行难"的问题。

  当然，这种后来又是一边倒的做法（这一次完全偏向张一）尽管看起来似乎是大快人心，但是却是令人怀疑的。因为无论如何，张家女儿和女婿对于张老还是尽了一定的赡养义务的，完全剥夺其继承遗产的权利，于情于理于法等似乎又说不过去。

  第二个故事中的安住伯母杨氏同样也是为了一己之私，手段用尽。当然，值得庆幸的是，这位伯母没有逾越法律的界限太远。否则，其下场无疑会更惨。就这个案件而言，刘氏兄弟当初的"合同"既是一种约定，也是一种具有证明力的法律文书。对此，双方并无异议。争执就在于安住的那份"合同"被伯母骗走（所幸没有被其损毁），失去这份具有证明力的"合同"的安住极有可能被看作骗子处理。在当时的这种复杂的情况下，主审法官（行政兼理司法是古代中国社会的一大特色）包拯在详细了解案情的基础上，运用其司法智慧，巧妙地迫使杨氏避重就轻，承认安住的真实身份以及"合同"的存在。据此，案件也就迎刃而解。

21. 诉穷汉暂掌别人钱　看财奴刁买冤家主[①]：
人证缺失的案件

> 故事梗概

　　第一个故事。晋州古城县张善友是一个好善乐施的长者，妻子李氏却有些贪财吝啬。一日，五台山一老僧路过张家，将抄化的银子二百余两（计划修缮坍塌的佛殿）暂寄在张家，约定回来时取。不料，张友善因事外出，其妻李氏存心赖账不还，老僧怀恨而去。

　　张善友之妻后来先后生下二子，取名乞僧、福僧。乞僧勤吃苦做，福僧却散漫铺张，耗尽家产。乞僧气愤而死，福僧浪费而亡，李氏不久后去世，只剩下张友善一人。满怀悲愤的张友善在东岳大帝像前哭诉，阎君与之对质，方才得知一切均有报应：李氏贪财，堕入十八层地狱，受尽苦难；乞僧是偷取张家五十余两银子的赵廷玉，托生来还债；福僧前生是五台山和尚，来讨先前被赖的银两。

　　第二个故事讲的是，曹州周家庄秀才周荣祖是个累世的富户，但是其父修理宅舍时，将自家祖公公周朝奉建盖的佛院拆毁，取来作建筑材料，由此累及子孙。穷汉贾仁在替人搬运时，意外地掘得周家先祖周朝奉埋下的金银若干，由此成为富户。贫困潦倒的周秀才夫妇不得已，将唯一的六岁儿子卖给贾仁夫妇，被改名为贾长寿。若干年后，贾仁夫妇先后去世，

---

① 参见凌濛初《初刻拍案惊奇》卷三十五。

已经成年的长寿得知自己身世，重认自己父母。周秀才夫妇重谢曾经帮助过自己的陈德甫、店小二等人，并得知贾仁的财产主要来自自家祖上。

点评

这一卷同样是讲报应，只是从财物的得失转换上入手。

抛开因果报应不提，这一卷中的两个故事与法律关联应该说比较大。

先看第一个故事。张友善之妻李氏，应该是受人之托，代为保管他人（五台山和尚）募化获得的财产，这笔财产价值不菲。之后，李氏赖账，实际上构成侵犯他人财产之罪，应当受到相应的制裁。当然，相关证据缺乏（估计或可以推断双方没有签订书面保管合同）。失去银两的和尚也无从要求李氏归还，而且故事设计的情节恰好是一心向佛的张友善对此情一无所知（张在事后曾经问过其妻是否将银两如数奉还，但被后者隐瞒，自然不承担法律上、道义上的责任）。

盗窃张友善家五十余两银子的赵廷玉无疑构成盗窃罪。

最终，张家两个儿子先后去世，偷盗银两的赵廷玉脱胎为乞僧来还债，失去银两的和尚托生为福僧来索债（通过铺张浪费的方式），贪财的李氏则堕入十八层地狱，受尽磨难。人世间的一切不公正，至此被拨乱反正，公平于此实现。

再看第二个故事。贾仁在受雇帮忙搬运货物的过程中，无意掘得他人巨额财产，应当知道这笔财产的所有人很可能是周家，但是受贪欲驱使并无归还之意，而是秘密占为己有。在理论上，贾仁的上述行为应当构成非法侵占。

当然，如同凌濛初在《初刻拍案惊奇》中的其他许多故事一样，违法或犯罪行为的发生多数情况下缺乏证据，尤其是缺乏人证的支持，故而只能够指望神判、冥判或因果报应。

22. 东廊僧怠招魔　黑衣盗奸生杀[①]：
　　魔幻与现实交错的案件

故事梗概

这一卷的两个故事均发生在唐朝。

第一个故事。东洛客张生应进士举，夜遇下雨，无店可宿，只好在一棵大树下歇息、打盹。不知过了多久，张生在朦胧中见一个夜叉似的怪物将自己的马、驴和从奴先后吃掉。张生仓皇逃命，途中在一个不认识的妇女的指点下，藏匿在一个古冢中。不想一伙强盗杀人越货，将几具死尸推入冢，并在冢上唱名分赃，张生记住其中几人的姓名。失盗的乡村自行搜索，发现张生，将其扭送到县衙，县尉牛僧孺（牛公）请张生将他记得的分赃者的姓名写在纸上按名抓捕，人赃俱获，犯罪嫌疑人无一逃脱。至于夜叉啃食人畜之事，其实是张生的幻觉而已。所谓"阴魂不散，鬼神幻出"，使得天借张生作证，侦破案件。

第二个故事同样发生在唐朝。故事始于贞元年间（785—804），地点在山东沂州之西的宫山。有两个僧人在此清修，各据一个走廊，故而称东廊僧、西廊僧，前后约二十余年。元和年间（806—820）某日晚，两位僧人隐隐听到山下有哭声。不久，似有一巨人从禅院墙上跳下，直奔西廊，东廊僧在恐惧之中逃下山。慌乱中，东廊僧见一家院墙内抛出包裹衣被等

---

① 参见凌濛初《初刻拍案惊奇》卷三十六。

物品，一女子翻墙而出，随一黑衣人离去。不久，恍惚之中的东廊僧跌入一个废井，却发现井下有一具女尸，死者正是半夜翻墙女子。不久，一伙人赶到，不由分说，将东廊僧暴打一顿，送到县里。县令派人查访，西廊僧并未被怪物啃噬。因为证据不足，暂将东廊僧押在大牢。

再说被杀女子。她姓马，父亲是当地一个富翁，人称"马员外"。这个女子自幼美貌，与表兄杜生彼此相慕。但是，马员外嫌贫爱富，迫使该女急欲与杜生私奔。奶娘居心不良，假托杜生之意，却暗地里让自己的不成器的儿子冒充，以便骗取小姐的财产。马小姐见到黑衣人（奶娘之子牛黑子），却发现并非杜生，不禁大叫，被牛黑子杀死，扔到废井里。马员外细想之后，感觉和尚不像是凶手，且小姐箱笼一空，疑点甚多，于是悬赏于众。

好赌的牛黑子将马小姐的一双金镶宝簪头输给另一赌徒黄胖哥，后者到马员外处请赏，由此牵出牛黑子及其母亲奶娘。二人互相推诿，拒不承认杀人之事。杜生被传到，县令让东廊僧出面指证，真相大白。奶娘被毙于杖下，牛黑子因为强奸杀人，被"追赃完日，明正典刑"，杜生和东廊僧无罪释放。

点评

追求巧合无疑是文学作品的一个特色。

我们这里读到的这篇小说可谓巧合多多，魔幻与现实主义色彩交错在一起。当然，如果撇去小说中的魔幻或超现实的成分，前后两个故事与法律的关联度实则甚大。

我们先来讨论第一个故事。如果张生是在梦中见到夜叉啃噬人畜，噩梦中醒来，惊慌逃到古冢，碰巧撞见一起杀人越货的大案，凭着自己的记忆，后来写出部分参与分赃者的姓名也就不足为奇。而且，我们看到，当时身为案发地县尉的牛僧孺在案件的侦破、审理过程中并未仅凭张生的一

◎ "水浒""二拍"中的法律

面之词,而是在人赃俱获的情况下,将一应强盗抓获归案。① 也就是说,案件的告破最终依靠的还是扎实的证据。

第二个故事与第一个故事的相同之处在于案件的见证人(那位静修时忽然恍惚的东廊僧)也是在朦胧状态下,仓皇奔逃的过程中,直接或间接地目击了案件的部分事实,而且也是被动地卷入案件,成为犯罪嫌疑人。当然,案件的定性同样也需要扎实的证据。其中,较为重要的证据应该是被害人的财物以及凶手杀人的凶器等。所以,一旦被害人的财物被其他人发现并送官求赏,距离案件的告破也就不远。

刑讯逼供在古代社会几乎是一种难以消除的存在,这种对于口供的依赖无疑是当时刑侦技术等的相对落后或欠缺所造成的。对此,国内已有较为充分的研究,这里不再赘述。在这篇小说中,我们同样看到审理案件的官员对于刑讯逼供手段的使用。至于是否会造成冤屈,似乎不是小说关注的问题。

此外,在第二个故事中,县令对于犯罪嫌疑人即马小姐奶娘的最终处理是毙于杖下。这种处理,用我们今天的眼光来看,无疑是草菅人命的表现。但是,在当时则不会成为问题,相关官员不会因此受到处分。

---

① 牛僧孺(780—848),曾经是唐穆宗、唐文宗时期的宰相,牛李之争中的牛党一派的领袖人物,是政治上的有为之士,也是当时的一位知名的文学之士。但是,其是否曾经担任过伊阙县县尉并审理过张生经历的上述这一奇案则有待研究。相关信息来源请参见:搜狗百科"牛僧孺",访问日期:2020-02-05。

23. 进香客莽看金刚经　出狱僧巧完法会分①：
镇寺之宝失而复得的故事

故事梗概

故事先从宋代王沂父之父爱惜字纸、感动上帝，派孔圣人来托梦、让曾参投生王家讲起。王曾后来连中三元，封沂国公。

故事正文讲述唐代著名诗人白居易生前为求得病中的母亲早日痊愈，手抄《金刚经》百卷，散布在多处寺院。数百年后的明朝嘉靖年间，仅吴中太湖洞庭山一个寺庙有一卷完整，被视为镇寺之宝。

嘉靖四十三年（1564）当地粮食歉收，寺僧辩悟自告奋勇，持白居易手书的那本《金刚经》，到附近的王相国府当米五十石。相国府王夫人让府里的都管将《金刚经》还给寺庙。辩悟乘船回寺途中，感念王夫人好意和同船人好奇，使得《金刚经》散落，其中的第一页不知被风吹往何处。

再说常州府新任柳太守听说《金刚经》价值不菲，但无从获得，便设计让江阴某盗攀扯洞庭山某寺，差人到上述寺庙将住持抓到常州府审讯。为救住持，辩悟只得将《金刚经》交给柳太守。因为该手书经书缺了第一页，柳太守又通过原差将经书还给住持，住持被释放。归来途中，住持、辩悟在一户老人家里暂歇，却意外地发现经书的第一页。老人请人将经书装裱一新，送给寺庙，后八十岁寿终。

---

① 参见凌濛初《二刻拍案惊奇》卷一。

◎ "水浒""二拍"中的法律

> **点评**

与法律关系较大的应该是正文故事。

常州府本来与白居易手书《金刚经》的持有人或所有人洞庭山某寺庙没有什么关联。按照今天的话来说，常州府对于太湖洞庭山不具有管辖权。在明代的时候，其也不具备对于另外一个区域的行政和司法管辖方面的权力。

使得常州府对于上述地区具有管辖权的是故事发生之时的常州府恰好抓获一个窃盗团伙，这位柳太守不失时机地利用这一事件来为自己谋取不法利益。

因此，即使是程序合法、手续合法，出面抓捕和审讯、收监、释放等等无一不合法，但是，这位柳太守的居心叵测还是暴露无遗。换言之，在一切看似合法的外表下，如果出于不良的动机，相关的行为终究值得怀疑。

侥幸的是，因为经书缺少了第一页，这位柳太守最终还是将经书还给了主人，镇寺之宝因此失而复得。

24. 小道人一着饶天下　女棋童两局注终身[①]：奇妙的婚姻争讼案

故事梗概

　　山东兖州府巨野县农芳亭是当地民众聚会游乐的场所，亭子上"农芳亭"三个字的题字原来是唐代著名书法家颜真卿的手迹。因为年代久远，"农芳亭"三个字逐渐模糊不清，需要重新书写，但囿于颜真卿的书法水准无人企及，故而一直延搁。当地父老请出晋代书法大家王羲之的后世子孙王秀才为农芳亭重新题字。约定之日当天，王秀才被人劝酒未能及时到达，一班人守候难耐。人群中有一个当地农家女谢天香自告奋勇，写下"农芳"二字，王秀才来后添补第三个字，宛然出自一人之手。众人称赞不已，就此将这两位未婚男女青年撮合成一对。

　　正文故事发生在宋辽和平共处时期，讲述北宋蔡州的周国能对于围棋自小热爱，棋艺精进，一时之间在乡间、汴梁等地均无敌手。父母见其已到成婚年纪，希望其早日完婚。但是，周国能意在找个志趣相投、内外兼修的女子，并打扮成道士的模样，到当时辽国都城燕京寻高手对弈，目标最终锁定当时的第一高手妙观。这位妙观不仅棋艺出众，受到辽国朝廷册封，而且还是一位貌美未婚女子。

　　到达燕京，"小道人"周国能同样是没有对手，并有意向妙观挑战。

[①] 参见凌濛初《二刻拍案惊奇》卷二。

其志不在钱财，而在于求娶妙观。双方经过两轮博弈，最终，小道人完胜，如愿以偿，并将父母移居燕京团聚。当然，为了求婚，小道人与妙观还打了一场官司。在辽国幽州路总管的"断和"下，二人终成眷属。

点评

棋琴书画是中国传统文化中的重要组成部分。

凌濛初的这篇小说先后讲述的两个故事即与之相关。这篇小说在凌濛初的"二拍"中也是比较出色的作品，正文故事给我们展现了宋辽时期的某些生活片段和样貌，如"澶渊之盟"之后宋辽双方百余年间和平相处的主流状态、辽国（宋称"北朝"）对于中原文化的接受程度、围棋在当时辽京等地的盛行以及众多的人士对于围棋的痴迷或喜好（包括其派遣围棋高手来宋比赛）等。这是一篇主要围绕围棋结成佳偶的故事，因而对于围棋的技艺、比赛及传授（特别是妙观开馆授徒）等均有一定程度的描述。从中我们可以发现众多围棋爱好者对于围棋比赛的规则的遵守、自发组织比赛等细节。而且，令读者想不到的是，"小道人"因为自己杰出的棋艺而获得辽国的官职"棋学博士"。

与法律相关的问题在这篇故事中也有所反映，主要是涉及"小道人"针对妙观"赖婚"的官司及其处理，从中我们可以看到相关官员对此案的受理及对案件尽可能公平处理的情况。

故事中的婚姻争讼主要涉及以下几个方面：

（1）因为案件中的女方妙观自称自小父母双亡，因此也就不可能有"父母之命"。"小道人"独自一人来燕京挑战，也没有"父母之命"。没有传统的或当事人双方均认可的"父母之命，媒妁之言"，"小道人"与妙观的婚约是否成立？

（2）男方"小道人"来自"南朝"，其特殊的身份倒是没有给他的求婚带来不便。于此，我们可以读出辽国审理案件的官员的宽容。

（3）在辽国鲁王府，小道人与妙观第二轮比赛前的附加条件是否可以视同求亲？比赛现场的观赛者诸王的玉成是否具有法律上的效力？从故事后来的结局看，审理案件的官员断和的依据之一就是比赛当天诸王的大力促成或起哄。

25. 青楼市探人踪　红花场假鬼闹[①]：贪婪引发的恶果

> **故事梗概**

故事先从南宋周密的《齐东野语》中收录的"昔宋时三衢守宋彦瞻以书答状元留梦炎"这段文字做引，表达作者对科举成功、仕途顺利者的担心和忧惧。其目的无疑是为正文故事的讲述做一番铺垫。

这一卷倒是没有前后两个故事这样的通常安排，而是在引文之后，直接讲述来自四川新都的乡宦杨某科举得意，曾经担任云南兵备佥事，或称巡道。[②] 但由于杨某为人贪狠，在官场声名狼藉，故而在贺表进京、拜过万寿、赴部考察后，落得个"冠带闲住"的处分。换言之，这位杨佥事实际上被体面地免去了官职。

杨佥事进京前，曾经接受过属下一个张贡生的贿赂（共计五百余两银子），后者有意侵占庶母及其生下的幼弟的财产。还来不及得逞，杨佥事就灰溜溜地回到老家。张贡生意欲索回贿银或贿银中的两件金银器皿，却不料被杨佥事指使手下杀死，随行四人同时遇害，被埋在杨家的红花

---

① 参见凌濛初《二刻拍案惊奇》卷四。
② 佥事，明代提刑按察使司属官，无定员，分道巡察。信息来源：搜狗搜索，访问日期：2020-02-08。巡道，明清制度，按察使司副使、佥事所任道之称。信息来源：百度百科，访问日期：2020-02-08。另据当代学者的相关研究显示，佥事一职始于宋代，当时各州府有签书判官厅公事，协理州府政事，金元时期皆置佥事，明代沿置。其中，按察司佥事为正五品，分巡各道。参见王家范、谢天佑主编：《中华古文明史辞典》，浙江古籍出版社1999年版，第86页。

二、"二拍"中的法律

地里。

张贡生的两个儿子（秀才）见父亲超时未回家，来成都打探，偶然从某青楼女子处得到相关消息。张家两个儿子又来到新都县打听，间接获得一些消息，知道父亲和四个家人（管家或家奴）已经遇害。但是，无法获取相关证据，且担心杨家再下毒手，于是回到成都，到四川巡按察院状告。石察院早已耳闻杨金事恶名，但苦于没有证据。接到张家状纸后，密令谢廉使办理此案。谢廉使让两个手下扮成商人前往杨家收购红花，与杨家管家纪老三相熟，并结拜为异姓兄弟，因此获知张贡生等人的埋尸地。

纪老三在成都被捕，供出杨金事杀人之事。谢廉使令手下持宪牌到新都县，令县令在除夕夜捉拿杨金事。杨金事拒不认罪，被害人尸体被挖掘出来，加上纪老三的供词，无可狡辩，被押在狱中，后来不久死亡。

杨金事死去后，偌大的家产没有直属继承人，被侄子继承。张贡生冤仇由官府了断，其弟张宾要求与两个侄子分割财产，县官照准。

点评

凌濛初的这篇小说意在告诫世人，同样含有因果报应之意。但是，由于故事与法律的关联度比较高，因而落入我们的关注范围之内。

这篇小说与争财竞产有关，由于相关人物的贪婪，最终又与刑法产生联系。

仕途顺利的杨金事本来可以走得更远，但因贪得无厌而中途免官。本来，作为一名衣食无忧的赋闲居家官员，杨金事完全可以悠然自得地过完余生。然而，还是因为其贪婪的本性，使得其选择了一条不归路。

张贡生其人在某种程度上与杨金事有共同之处，应该也是一名贪得无厌之人。其重金行贿杨金事，也是为了达到自己侵吞庶母、幼弟财产的目的。

这篇小说使得我们对于明代的官职和法律有了进一步的了解和认识。例如，金事在冯梦龙的小说《陈御史巧勘金钗钿》中有所提及，那位嫌贫爱富并决意将女婿鲁学增诬陷为杀害自己女儿凶手的顾佥事应该就是一位赋闲在家的佥事。在凌濛初的这篇小说中，反面人物也是一位佥事，且其作恶程度则远远超过顾佥事。

故意杀人当然要受到法律的严惩。当然，要犯罪行为人认罪伏法却需要堪称扎实的证据。这方面，我们可以看到相关办案人员的精细与机智。

由于犯罪嫌疑人杨佥事较为特殊（居家乡宦，手下还私养了一批强盗作为帮凶），官府由此做出的对策应该说甚为恰当。

26. 襄敏公元宵失子　十三郎五岁朝天[①]：
五岁神童牵出的大案

> 故事梗概

北宋神宗年间元宵之夜，皇帝与民同乐，一时间，东京汴梁城里热闹非常，熙熙攘攘。

襄敏公王韶一家也在此时出门游玩，五岁的儿子南陔（按照家中孩子的排行，称"十三郎"）被家人王吉扛在肩上，一同出游。不法之徒也乘机作案，某个歹徒在王吉不注意的时候，将坐在他肩上的十三郎抱走，不知去向。王家人知道后，不禁惊慌失措。唯有王韶不着急，认为自己的儿子机灵，很快就会回到家中。

果然，十三郎在东华门一带看见人多，大声呼救，贼人一见不妙，撂下南陔，仓皇而逃。搭救南陔的是皇宫中的中大人一行，见其机智可爱，直接带入宫中。当时神宗无子，偶然见到如此聪慧的儿童十分喜爱，令钦圣皇后暂时照管。

开封府府尹接到宋神宗密旨，派人暗中调查，发现贼人踪迹，将其一一捉拿归案，并因此侦破其之前犯下的罪行，包括某日将王府的千金掳获、轮奸、倒卖给某大户做妾的罪行。上述贼人共计十余名，经审理后被处死。

[①] 参见凌濛初《二刻拍案惊奇》卷五。

217

◎ "水浒""二拍"中的法律

> 点评

　　王韶在历史上确有其人，相关介绍也是有的，在此不必赘述。其儿子南陔（十三郎）似乎确有其人，据说就是王寀。但是，这位十三郎是否在五岁的时候确实有凌濛初这篇小说中的神奇经历，则需要研究和印证。

　　当然，我们这里读到的十三郎的故事更多的是一篇传奇，而非正史，故而不可能与真实的历史画上等号，我们需要做的仅是从这篇故事本身入手，借此了解和分析北宋时期的社会与法律等方面的信息。而且，我们的重点当然是放在当时法律的相关分析上。

　　拐卖人口、偷盗、强奸（轮奸）等行为无疑均是法律打击的对象，古今中外几乎概莫能外。凌濛初的这篇故事中的犯罪行为人几乎涉及了当时法律严禁的诸多犯罪，因而严惩不贷，实属正常。这一故事说明，犯罪在有人类社会以来无时不在，对其打击也就成为社会治理必不可少的内容，绝不可纵容或姑息养奸。

　　当然，故事中的犯罪行为人属于团伙犯罪，且侵犯的对象除了一般的平民百姓之外，也包括当时的一些达官贵人。所以，对他的惩罚只会更加严厉。

27. 李将军错认舅　刘氏女诡从夫[①]：动乱年间的婚姻

> **故事梗概**

这一卷第一个故事涉及夫妻失和（男方在外经商，夫妻感情缺乏很好的维系；男方迷恋娼妇并娶回家，女方有限度地抗拒或不满，但迫于经济不独立暂时妥协而最终离异），即便是死后也不愿意合葬一处。

第二个故事则与之相反。夫妻二人十分恩爱，却不料因为生逢乱世，被迫分开。虽然以兄妹身份相认，近在咫尺，却无法共同生活在一起，先后郁郁而终，但其魂魄却相谐，来世愿意继续再做夫妇。

> **点评**

第一个故事中的男女王生及其妻子双方应当是依据当时法律和风俗结为夫妇的。

最终反目主要是因为男方想将自己迷恋的娼妇娶到家中。

古代社会是不赞同夫妻离异的。但是，也没有完全不允许夫妻之间法律关系的解除。像这个故事中的男女双方就是通过官府解除婚姻关系的，而且对于他们二人所生的女儿，双方均希望跟随自己一方生活。最终，知

[①] 参见凌濛初《二刻拍案惊奇》卷六。

县依据女方的意见，从有利于未成年女儿成长的角度，判处女儿跟随其母生活。

第二个故事的情节甚为曲折。两个小孩自幼在一起上学堂学习，可谓青梅竹马、两情相悦，并幸福地生活在一起。尽管男方家贫，但是双方并没有遭到女方家庭坚决反对，因为招婿上门在古代社会也是容许的。从当时法律和习俗上来看，作者强调他们的婚姻经过了"父母之命，媒妁之言"，因而具有法律上的效力。

二人正常生活被打断无疑是社会动荡所致。故事中的张士诚部将李将军强抢民女、拆散他人夫妻的行为如果放在和平时期的话，当然要受到道德上的谴责和法律上的严惩。这个故事再次说明，法律的实施离不开正常的社会秩序。

28. 赵五虎合计挑家衅　莫大郎立地散神奸[①]：
避讼的智慧

> **故事梗概**

第一个故事讲述宋代绍兴年间（1131—1162）的台州司法叶荐之妻方氏，为人十分的妒忌。叶荐年近六十，方氏一直没有生育且年已五十余岁，生育应该是无望。经过叶荐的请求，方氏总算答应叶荐娶妾，但方氏决意分居独过。某日，叶荐吩咐小妾去看望方氏，未料却久久不回。等到方氏门开，却奔出来一只大虫（老虎）。再看方氏独居的室内，小妾仅剩头和两腿，其余部分尽被吃掉。

第二个故事也发生在宋代绍兴年间，吴兴巨富莫翁年近七十，有二子、三孙。莫翁与丫鬟双荷有染，后者怀孕，被莫家嫁给卖汤粉的朱三。后来，莫翁去世，吴兴城里的一伙歹徒"赵家五虎"想借机敲诈，鼓动朱三和莫翁的私生子先去莫家哭灵，然后去衙门告状。幸亏莫家长子莫大郎机智，在私生子哭灵后，与自己的母亲、兄弟等人认下私生子，并让其住在家中。"赵家五虎"一计不成，再生一计，拿着先前与朱三、私生子签订的借贷字据，到府里告状。唐太守查明案件事实，将"赵家五虎"各打三十大板，以"教唆词讼诈害平人"的罪名，将"五虎"脊杖二十，"刺配各远恶军州"，同时表彰莫家，赠其匾额"孝义之家"，"免其

[①] 参见凌濛初《二刻拍案惊奇》卷十。

◎ "水浒""二拍"中的法律

本等差徭"。

点评

  这一卷先后两个故事的主题其实有些不同。

  靖康之变改变了宋的疆界和皇室以及众多臣民人等的命运,在宋朝历史上无疑是一件极其重大的事件。当然,基本不变的是,尽管宋室南迁,宋代的法律制度等却基本没有改变。

  就第一个故事而言,身为司法(官名)的叶荐在与妻子方氏生育无望的情况下另娶一妾,其实似乎不成问题。中国古代社会讲究"不孝有三,无后为大",婚姻家庭的意义当然与后代的繁衍是联系在一起的。

  方氏之所以在小说中饱受抨击,其主要过失在于没有生育。且在生育无望的情况下,妒忌心驱使,杀害叶荐小妾。当然,小说对于方氏化身为虎以及叶荐小妾的惨死采用的是妖魔化的手法,不足为信。单就妒忌一项,方氏应该说触犯了古代中国社会单方面针对女性的一大过错即妒忌,这种妒忌恰好落入"七出"之中。此外,抛开化身为虎吞噬叶荐小妾的魔幻手法,如果说方氏是在妒忌情绪的支配下故意杀人,那么,当时的法律不会对其予以轻饶。

  第二个故事的主题应该是宣扬"无讼"或避免诉讼,以保全家产不至于落入外人(特别是居心叵测的歹人)之手。为了清楚地表达自己的观点,凌濛初在讲述这个很可能引发争家析产的故事之前,还引述了宋贤范弇的《诫讼诗》,并论及因为诉讼带来的种种弊端。这场看似不可避免的诉讼最终之所以没有出现,主要有以下几个方面的原因:(1)莫大郎冷静、机智处理;(2)唐太守为官清廉、正直和明察。这个故事中的唐太守最终对于调词架讼的"赵家五虎"加以严惩也并非于法无据。而且,古代官员行政兼理司法的特色在故事中也得到充分的体现。

29. 满少卿饥附饱飏　焦文姬生仇死报[①]：
交付冥判

故事梗概

第一个故事讲述宋代衢州读书人郑生，娶妻陆氏，二人婚后十分恩爱，曾经发誓若一方先行离世，另外一方绝不再婚。哪知十年后，郑生病逝，陆氏不甘寂寞，不久即抛下两个未成年的儿子、年老的公婆，改嫁他人。后来，郑生魂灵托人给陆氏一封信，对其予以谴责，且要与之到冥府对质。

第二个故事中的满少卿早年间父母双亡，无拘无束，生性狂放，原来不多的家产几乎殆尽，只好去投奔在外任官的族人，获得不多的资助。在陕西凤翔，这位当年的满生（未中举时的称呼）被风雪所困，在一家旅店陷于将要饿死的境地。幸亏当地一位焦老先生出手慷慨解囊，帮助其渡过难关。满生后来与焦老先生的女儿焦文姬生米煮成熟饭，就在焦家做了上门女婿，承诺将为岳父养老送终。满生后来到东京一举登第，官授临海县尉。满生高中，某位族人好事，让其还乡，亲叔满贵做主，让满生娶官宦之女朱氏，满生盘算之后，隐瞒自己已经成婚的事实，接受这门亲事。朱氏知道后表示愿意与焦文姬共同生活，但满生并未作此打算，也没有寻觅焦家父女下落。

[①] 参见凌濛初《二刻拍案惊奇》卷十一。

十年后，焦文姬和丫鬟寻找到在齐州任知府的满少卿（满生后来累官至鸿胪少卿，故称满少卿），哭诉分别十年后的遭遇，其时焦老已经去世，焦家财产所剩无几，只得与丫鬟一路寻来。朱氏倒是不介意焦文姬的到来，数日后，默许满少卿与焦文姬同居。却不料在次日发现满少卿死在文姬的屋内，焦文姬和丫鬟二人不见踪影。文姬托梦朱氏，备说满生负心之事，表示要与之同到冥府对证。

点评

夫妻之间关系最为密切，于情于理于法均有相互扶助的义务。

当然，如何处理好这种关系并不容易。凌濛初的这篇小说的主题讲述和讨论的就是这个问题。

这一卷先后两个故事均涉及这一问题。

第一个故事看起来与法律似乎无关。在古代社会，寡妇改嫁也并非不可以。我们需要讨论的是，相关当事人许下的诺言是否具有法律效力。今天的我们或许会另当别论。但是，凌濛初却认为诺言应当履行。故事中的郑生同样认为陆氏的行为应当受到谴责和报应，因此要与之冥府对质。如果撇去故事里面的超现实主义色彩的话，陆氏的改嫁行为无疑违背当时的社会主流的道德评价。但是，陆氏改嫁本身是否应当受到当时法律的处罚呢，我们认为，相关回答显然是否定的。我们如果从今天的角度来看，陆氏的问题就在于其改嫁后实际上抛弃了对于自己两个未成年儿子的抚养义务及其对年迈公婆的赡养义务。

第二个故事中的满生在困窘之时，几乎陷于绝境。以当时的社会条件（当时不大可能有我们今天拥有的社会保障制度）是很难获得社会救助的，其几乎只有等死一途。所以，焦老先生其实是救了他一命。之后，满生所做的承诺应当具有法律上的效力，理应履行其承诺的法律义务。而且，无须多言，赡养家庭中的年老成员也是古代社会对于一般人的要求。所以，满生对于妻子和岳父焦老先生的行为实际上已经构成遗弃，理应受到道义上的谴责和法律上的严惩。或许是鉴于满少卿后来的身份与地位特殊或者说双方力量的不对等,凌濛初的这篇小说没有做现实主义的处理,而是代之以超现实主义的手法。也许,这种处理既可平复一般读者的愤懑情绪,同样也能够收到较好的表达效果或增强其可信度。

30. 硬勘案大儒争闲气　甘受刑侠女著芳名[①]：真伪难辨的案件

> 故事梗概

第一个故事讲述朱熹在福建崇安县任知县的时候，有两户人家因为坟地打官司，其中一个是大户人家，另外一个是小户人家，为一块风水宝地而争执不休。最终，朱熹判定坟地归小户人家所有，理由是依照小户的说法，在坟地下面凿开时，发现有他们家祖上的一块墓碑。

第二个故事更为有名，因为这个故事涉及的一些人物在历史上是真实存在的，如陈亮、台州太守唐仲友、台州才艺色均绝的名妓严蕊等人。朱熹在这个故事中扮演的角色不光彩，属于一个以势欺人、挟嫌报复的人物。反过来看，名妓严蕊则坚持不做伪证，敢于讲真话，宁可受到刑辱也不屈服，因而受到世人敬重，最终脱离贱籍，嫁给宗室近属，善终。

> 点评

凌濛初的这篇故事因为涉及南宋时期的大儒、著名理学家朱熹，因而非同寻常。

先后两个故事均与朱熹（字元晦，号晦庵）有关。因为故事与真实的

[①] 参见凌濛初《二刻拍案惊奇》卷十二。

二、"二拍"中的法律

历史以及历史人物关联在一起,因而其真实性如何就值得仔细推敲。

在第一个故事中,朱熹是否担任过崇安县知县,就是一个需要讨论的问题。根据今天我们了解的情况,朱熹在青年时代曾经在福建同安出任过主簿一职。主簿是古代官名,属于主官之下掌管文书的佐吏。因此,故事中的崇安极有可能是同安的笔误;另外,朱熹并未担任过崇安知县,因而不大可能审理同安两户人家的坟地之争。当然,就故事中的坟地之争的情况,古代社会重风水之说,类似的纠纷不会少,审理此类案件的官员很可能会受一方当事人蒙蔽,做出错误的判断。如果案情复杂,当事人一方有意隐瞒事情的真相,还真的有可能使得审理案件的官员出错。当然,凌濛初所讲故事的本意就在于说明即便是朱熹这样的大儒也并非圣贤。有人考据认为,凌濛初写作的这篇故事极有可能受到宋人周密的《齐东野语》这部笔记体小说的影响,至于事情的真伪是很难辨明的,因为,身处明代的凌濛初难以做出自己的判断。①

第二个故事并非全然虚构,因此也变得更加扑朔迷离。因为,这是南宋历史上的一段有名的案件,牵涉到的人员也比较多,背景比较复杂,情节也不是如此的简单。如果抛去故事的真伪暂且不谈,单就故事中的与法律相关的问题展开讨论的话,我们可以侧重探讨以下几个方面的问题。

(1)宋代的官妓及其法律上的规定。首先,官妓(早先称"营妓")并非始于宋代,而是至少在中国春秋时期的越国即已存在。据说,唐代的官妓实际上是为了官僚之间的交往而设置。宋代继承唐代的这一制度,但在法律上有较为清楚的规定。②官员可以利用官妓应对官场上的相关事宜,但不可以与官妓有肉体上的接触。官妓要脱离贱籍,需要获得主事官员批准。我们看到,这种需要官府批准才可以脱离贱籍的情况,在冯梦龙的"三言"中有之,在凌濛初的"二拍"(特别是这篇故事)中也有之。明

---

① 关于朱熹(1130—1200)与唐仲友(1136—1188)之间的纠葛,宋人周密有一段文字甚短的记述。参见周密撰:《齐东野语》,中华书局1983年版,第323页"朱唐交奏本末"。当然,周密的上述文字远不如凌濛初在《二刻拍案惊奇》卷十二里描述的如此生动和详尽。

② 信息来源:搜狗百科,访问日期:2020-02-14。

代妓女的脱籍似乎容易一些，或者说不需要官府的批准。例如，《玉堂春落难逢夫》中的苏三就是在与老鸨等人解除书面契约之后，即成为自由身的。所以，后来老鸨再度与山西商人勾结，变卖苏三给商人为妾，实际上已经有逼良为娼的意味，受到严惩也就不足为惜。

（2）口供在古代中国社会的问题。回到凌濛初的这篇《硬勘案大儒受闲气　甘受刑侠女著芳名》，我们发现，严蕊几度受到严刑拷打而坚决不屈服、不做伪证，着实令人钦佩。至于她与官员是否有染、是否收受好处为他人谋取非法利益并非不重要，而是应当另当别论。我们这里需要强调的是，在刑事司法的过程中，由于某些原因，古代社会依赖证人的口供或几乎完全依赖口供。在这种情况下，如果仅凭口供，实际上极有可能造成冤假错案。所以，如果小说的描述与真实的历史一致的话，那么，严蕊不做伪证的行为无疑是值得肯定的。据此，如果朱熹想利用这一事件来打击与自己不和的唐仲友，确实有失身份和气度。当然，作为后人的我们完全可以将严刑拷打严蕊的罪名加之于具体审理案件的官员身上。但是，如果情况属实，启动争端的朱熹难道就不可以受到一定的指责吗？

31. 赵县君乔送黄柑　吴宣教干偿白镪[①]：贪色的代价

故事梗概

这一卷的故事表现古代社会中的专门以女色作掩护进行的诈骗行径。

第一个故事。某夫妻二人联手专门以捉奸为名诈骗他人钱财。但是，这种勾当被一个泼皮知道，反而使得这对夫妇狼狈不已。

第二个故事。宋代大理寺卿的儿子向士肃某日看见一个将官模样的人一边走一边鞭打和怒骂一个妇人，后面跟着一伙健卒扛着沉重的行囊。经过打听得知，一名浙西来的举子来临安参加铨选（宋代官员考试选拔制度的一种），与将官的妻子有染，被发现后，举子的财物被将官及其手下席卷一空而去。后来才知道，所谓的将官及其妻子、随从、店伙计等人其实是一伙骗子，浙西举子落入圈套，财物被这伙骗子全数拿去。

第三个故事。吴宣教在广东韶州任满，赴吏部磨勘，在一个店里暂住，被对面的一个自称赵县君的美貌妇人所吸引，与之多有往来，但只限于吃饭、喝酒、书面文字的应答。某日晚，宣教正打算与赵县君行男女苟合之事，不料男主人突然回来，将宣教捆绑起来，索要2000缗的巨额赔偿，否则告官。宣教畏惧，只得花钱消灾，后来才醒悟。不久，这位吴宣教在愧悔之中去世。

---

① 参见凌濛初《二刻拍案惊奇》卷十四。

◎ "水浒" "二拍" 中的法律

点评

　　诈骗他人钱财古今中外从来都有，专门以女色骗财（称"扎火囤"）的不在少数。

　　凌濛初在这一卷先后讲述了三个以女色行骗的故事，除了第一对以此行骗的夫妻遇到一个"将计就计"的泼皮无可奈何之外，后面的两个故事中的团伙诈骗均告成功，无一不是大获金银财宝而去。等到被害人醒悟过来，骗子早已远走高飞。

　　这种行骗的手段其实算不得十分高明，其之所以屡试不爽，主要原因在于被害人自身贪图女色。因此，这一卷的告诫性质十分鲜明。

32. 韩侍郎婢作夫人　顾提控掾居郎属[①]：好人有好报的故事

故事梗概

第一个故事。湖州府安吉州地浦滩一居民因为穷困，欠官府粮银二两，被关押在狱中。其妻为搭救丈夫，将家中一头猪卖给他人。令人没有想到的是，对方给的是假银。这位上当受骗的妇女情急之下，打算与年幼的孩子跳水自尽，幸亏遇到一位徽州商人出钱相救，其夫得以出狱。丈夫出狱后怀疑其妻与商人有染，故而指使其妻在晚上到商人居住的房屋外面，要求当面向商人致谢，遭到对方谢绝。其夫只得说明来意，商人开门，不想此刻房屋突然倒塌。

第二个故事。弘治年间，直隶太仓府有一个吏典顾芳，为人正直善良，主要做官员的迎来送往工作，故而时常在城外的一个卖饼的江家（户主江溶）歇脚。江家老夫妇只有一个十七岁的女儿爱娘，非常漂亮。一日，一位嫉妒江家生意的人故意买通在押的海盗攀扯江家，幸而顾吏典竭力分辩，官府才没有太为难江溶。知州将手下皂吏与江溶服装、位置对调，贼首误认，案件真相大白。为感谢顾吏典救命之恩，江溶夫妇决定将女儿送给顾吏典做妾，但遭到后者严词拒绝。江家的生意此后一蹶不振。有一个徽州商人想买爱娘为小妾，以三百两银子的价格与江家

[①] 参见凌濛初《二刻拍案惊奇》卷十五。

成交。因为梦境的提示和数次抽签的明示，商人决定认爱娘为干女儿，并将她嫁给韩侍郎为妾。不久，韩的正妻去世，爱娘成为正室。为感谢顾吏典昔日恩情，爱娘请韩侍郎帮忙，侍郎给当时的皇帝明孝宗上奏。明孝宗阅后赞叹不已，决定将顾吏典直接任命为礼部仪制司主事。顾主事接受爱娘委托，借还乡之机，将江溶夫妇接到京城与女儿、女婿相会。此后，侍郎与主事成为通家之好。顾主事三子皆"读书登第"，主事寿九十五岁而终。

点评

故事的主题很鲜明，意在弘扬因果报应或曰"好人有好报"。

例如，第一个故事中的徽州商人，因为救人三命，幸免于难。

第二个故事中的顾吏典因为搭救善良的江溶、不接受江家将女儿予他为妾的安排等，终于感动皇帝明孝宗，直接升任为礼部官员。

这一卷先后两个故事与法律的联系其实也很大。

第一个故事中的湖州某居民，因为拖欠官粮银二两，竟然被下在狱中。估计此人并非有钱故意不交，而是确实很穷，交不起。这种情况只能够说明，当时的赋税已经超出一般人的承受能力。换言之，很可能的情况是，明代中叶以来，东南一带的赋税或许过高。[①] 故事告诉我们，对于拖欠不交者，当时的官府也没有什么办法，不外乎就是羁押在狱，给钱放人。

第二个故事中的顾吏典因为出于公正、善良救人于水火，从一个侧面也可以看到当时的吏治算不上优良。做小生意的江溶可以因为在押海贼的诬告即被捕人随意抄家、押往监牢；后来即使是无罪释放，其声誉实际上

[①] 相关研究显示，明英宗正统元年（1436），明朝政府将江南一部分赋税折征银两，规定米麦一石折银二钱五，四石折银一两，送往内库，供皇帝挥霍，此即所谓金花银（原意为足色、有金花的上好银两），赋税征银成为定例。参见许大龄著：《明史》，中国大百科全书出版社2010年版，第42－43页。

二、"二拍"中的法律

受到很大影响,生意也因此一落千丈。所幸知州还算清廉,决断没有超出法律的限度。而且,在某种程度上,知州的审理水平还是比较稳妥、显示智慧的。

顾吏典能够平步青云,当然主要是因为此人品性优良,并因此通过知恩图报的韩侍郎的举荐,获得当朝君主的肯定和褒扬。此外,需要讨论的是,尽管今天我们一般将官吏合称,但是在古代中国,官与吏的分别还是比较大的。简言之,吏属于主官的随员,很难进入官的行列。像我们读到的这篇故事中的顾吏典或顾提控,他的工作主要是"迎送官府出域"、在知州手下打杂。所以,由吏到官,而且一下子成为礼部主事,确实是超乎一般人的想象。笔者查了一下,这个故事中提到的礼部主事在明朝应该是正六品。[①] 顾吏典能够获得超常规的提拔,无疑应当是因为明代那位少有的有为之君明孝宗的赏识。[②] 当然,毋庸置疑,在古代社会,任免官吏属于君主权力的一部分,体现了君主对于臣下的恩惠。

[①] 信息来源:百度百科,访问日期:2020-02-15。
[②] 明孝宗朱佑樘(1470—1505)在位期间(1488—1505)励精图治,有"弘治中兴"之名。信息来源:搜狗百科,访问日期:2020-02-15。

33. 迟取券毛烈赖原钱　失还魂牙僧索剩命[1]：
三个冥判的故事

故事梗概

这一卷故事应该是宣扬阴司以及冥判胜过阳世和阳间的司法审判。

反过来说，人世间的官员以及司法审理活动已经不值得信赖了。如果想获得公平、正义，只有在阴司才可能实现。

故事先引用令狐生的一首诗，大意为只要有钱，即使是贪酷之人（譬如某个财主乌老），到了阴间，只要多烧纸钱，做一些所谓的功果，即可死而复还。这首诗的作者当然遭到冥司的追究，好在后来查证属实，这位直言的诗词作者被放还人间，那位得意扬扬的乌老则去了地狱。

第一个故事梗概：

宋朝淳熙年间，明州的夏主簿与当地富民林某合伙做沽泊生理。[2] 夏主簿出钱多一些，林某出钱少一些，经营管理由林某负责。夏主簿以为林家不会欺心，不料去林家讨取利息（约二千缗，即二千两银）时，林家八个管账的相互推诿，到后来干脆赖账不给。夏主簿怒而告官，林家人早就买通县里、州里的官吏，篡改账目。夏主簿告状不成，反而身陷监牢。

有一个打抱不平的刘元八郎得知此事，甚为愤怒，扬言愿意做一个见证。林家知道后想收买他，被他当场拒绝。再说夏主簿受此无妄之灾，深

---

[1] 参见凌濛初《二刻拍案惊奇》卷十六。
[2] 沽泊生理：这里应该是指酒类的买卖。信息来源：汉典，访问日期：2020 – 02 – 15。

二、"二拍"中的法律

感不公，临死前嘱咐家人将林家所欠账目以及八名管账的姓名一起放在自己的棺材里，以便到阴司打官司。刘八郎不久病重，临终前嘱咐其妻不要殡殓。两天后，刘八郎活转来，讲述阴司见闻，称昧心的林家人和他的八名管账均在阴间受罪，被打入地狱。刘八郎因为仗义执言，寿增至九十一岁，无疾而终。

第二个故事梗概：

宋代绍兴年间，庐州合江县赵氏村富民毛烈为人贪婪狡诈，多行不义之事，好占他人便宜。当时有一个赵祁，常与毛烈往来密切，有样学样。赵祁有弟弟三人，父亲已经过世，他是四个兄弟中的老大，其他几个兄弟比他小很多。因为觉得自己出力多，不甘心母亲死后与其他兄弟平分家产。毛烈知道后，鼓动赵祁将赵家田产的一部分低价典当给自己，他日再赎回归己。赵祁觉得这个主意不错，就请一个寺僧高公（法名智高）居间签订相关文书（合同），赵祁田产足有万金以上，而只收银三分之一左右。后来母亲去世，赵祁与其他兄弟一起"平分"家产。

过了一段时间，赵祁拿钱找毛烈回赎"典当"的田产。毛烈有意侵吞，将赵祁交给他的相关契据藏匿在自己妻子手上。赵祁愤怒之下到县里告状，哪知毛烈早已收买县吏，又通过县吏影响到知县。赵祁在县里输了官司，再到州里告状，官司又发回县里审理。一番折腾后，赵祁费时费力费钱，身心俱疲。

赵祁心有不甘，先后在社公祠神像、东岳行宫神前诉说冤屈。不久，毛烈去世，有人说他是被一个黄衣人抓走的，居间人高公随后也死去。一日，赵祁昏迷，清醒时吩咐家人十日内不要下葬，其魂魄来到阴间，与毛烈、高公对质。毛烈不承认赵祁曾经交给他回赎文书，但是，判官让手下取出一面业镜，业镜清楚地展现之前毛烈收到赵祁的相关契据文书，毛烈难以抵赖。判官将情况禀报给阎王，后者判决审理案件的知县"听决不公，削去已后官爵"；县吏丘大，"火焚其居，仍削阳寿一半"。赵祁、高公也受到相应惩罚，只是阳寿还在；毛烈被罚打入地狱，哭求赵祁二人回去后，帮忙告诉其家人为其减轻罪孽。

235

赵祁醒来，得知丘大房屋被焚，相信阴间所见不虚。毛烈儿子起初还有意抵赖，后来，毛烈之妻张氏因为同样梦到阴间审判情景，告诉儿子据实偿债。除了亏欠赵祁的，还有十三份契据一一偿还。高公不得转世，时常来侵扰毛家，后者只得时时为之烧化、做阴功等，财物所剩无几。

再说赵祁，他因此落下心口痛的毛病，只得将先前欺瞒其他几个兄弟的财产拿来平分。以后此病仍然时有发作，只好请僧道烧化，家产渐渐耗去不少。

点评

如果在人世间遭遇到不公正的待遇，尤其是司法不公正，古代社会的人们可能会失去对于官府的信任，转而寻求其他途径的帮助或支持，甚而至于铤而走险，与官府作对。这里面的其他一部分人或许会寻求来世的报应，或者相信冥判。

凌濛初在这一卷先后讲述的三个故事就与冥判有关（包括引言中对乌老案审判的纠错）。

具体说来，第一个故事（引言部分）想要表达的意思是阴司的审判也未必总是正确的，但它却有能力可以及时纠正自身的错误。第二个故事（夏主簿与富民林某等人的纠纷）和第三个故事（赵祁与毛烈等人的纠纷）涉及的纠纷都是在阳间得不到公平、及时、有效的解决，故而一方受到冤屈的当事人在感觉走投无路的情况下，只好寻求阴司的审判。所幸的是，第二、三个故事中的阴司审判看起来都是合乎公正的，遭受损害的一方当事人终究获得了自己追求的正义。

除了阴司审判的寻求与选择以及实际上对于人世间司法不公的唾弃，前后三个故事还涉及何谓公平的问题。例如，引言部分的乌老为富不仁，只是因为死后其家人买通了阴司（广做佛事、多烧诸钱），居然能够还阳。这种情况自然引起正直之士的不满，冥司的反应是将这位仗义执言的令狐先生以谤仙的罪名抓到阴司。所幸的是，事情得到及时、完满的解决。

第二个故事中的夏主簿与富民林某合伙经商产生纠纷，此事中令人不解之处在于：身为主簿（即官府的人员），在当时的社会环境下可以经商吗？考察宋代的历史，我们发现一个惊人的或曰怪异的现象，那就是从宋太祖赵匡胤开始，官员经商一般来说不受限制，有的时候甚至得到鼓励。这种今天看起来奇特的不正常的状况的出现，是与宋代的社会、经济、政治等联系在一起的。而且，在宋代，官员经商并不是什么出格的事情。①所以，我们今天禁止的官员经商，在故事发生的宋代却是可以的。也就是说，这位夏主簿的经商活动是受到法律保护的。当然，合伙过程中发生的纠纷可以通过当事人协商、第三人调解或者官府的审断解决。只不过在我们读到的这个故事中，人世间的所有解决途径似乎都失效了，能够提供给一方受到侵害的当事人的救济的，也就只有阴司的判决了。

第三个故事中的赵祁本身的行为并非没有瑕疵。即便如此，在他受到另外一个居心不良的毛烈的非法侵害，在人世间的司法不能够予以公正处理的时候，阴司的判决还是给了他公平。当然，由于其在分配家产的过程中一度存心欺瞒，后来尽管予以了弥补，但在后来的岁月里，其行为还是受到相应的处罚。在读者看来，这种处罚也还是必要的和适度的。当然，阴世间的惩罚不同于阳间，贪财者不仅有财产方面的损失，还有身体健康方面以及精神方面的损失等。

---

① 对于宋代官员经商的研究，国内成果颇丰，在此不再赘述。信息来源：趣历史，http://www.qulishi.com/article/201910/366418.html，访问日期：2020-02-15。

34. 两错认莫大姐私奔　再成交杨二郎正本[①]：私奔之后的官司

> 故事梗概

　　这一卷前后两个故事均与做妻子的一方不守妇道有关，最终引发官司。当然，故事的传奇性色彩同样比较浓厚。

　　第一个故事发生在宋代南安府大庾县。本县有一个吏典黄节，妻子名叫李四娘，是个不守妇道的女人，二人有一个三岁的儿子。某日，李四娘伙同某个不知姓名的奸夫外逃，携带儿子同行。小孩啼哭不止，李四娘将儿子丢弃在路边而去。小孩被路过的李三捡到，抱回家中视为己出。黄节报官，遍贴招示，不见妻与子的下落。某天，偶然经过李三家门，看见自己儿子，二人争执，随同众人来到县衙。县官审问此案，李三只承认捡到小孩，不承认认识并藏匿黄节妻子。县官用刑，李三屈招，衙门中的同事暗中帮助黄节，冤案铸成。李三行刑当日，忽然电闪雷鸣，掌案孔目等人被雷电击中而死，掌案孔目背上有"李三狱冤"四个红色篆书。县官恐惧，再问李三，方才相信其言为真。后来，县官着人访查，获得李四娘下落，案件最终水落石出。

　　第二个故事发生在"国朝"（明朝）北直隶府张家湾。徐德在衙门做

---

　　① 参见凌濛初《二刻拍案惊奇》卷三十八。

二、"二拍"中的法律

"长班"①，其妻莫大姐生性风流，好酒贪杯，耐不住寂寞，与邻居杨二郎勾搭成奸。某日，莫大姐与几个妇女去岳庙烧香，回来路上遇到表亲郁盛，后者有意与醉酒状态的莫大姐发生性关系。莫大姐误认对方为杨二郎，约定不久的某晚私奔。天明后的莫大姐发现一同私奔者不是杨二郎，有些后悔，只得暂时与郁盛居住在临清。郁盛将莫大姐以其妻的名义卖给当地老鸨魏妈，获得八十两银，回家不提。

再说徐德不见了老婆，认定是杨二郎所为，因此告官。巡城察院衙门将此案转给兵马司②审理，重刑之下，杨二郎只得屈招与莫大姐有私情，并计划私奔。因为不见莫大姐，审案的兵马暂时将其收监，三五日讯问一次。

在一个同乡嫖客幸逢的帮助下，莫大姐终于得以还家。兵马再审此案，对郁盛、魏妈等人做出相应处罚，杨二郎被释放。出于补偿或息讼的考虑，徐德休了莫大姐，"让与"杨二郎为妻。

点评

前后两个故事存在一些相同之处。例如，起因都是在夫妻关系中，作为妻子的这一方不贤惠，与他人私通，并发展到私奔，置家庭、法律、体面等于不顾，牵扯到官司。两个故事与当时法律的关系也比较大，因而值得深入讨论。

私奔这个看起来似乎多少有点浪漫的字眼，如果与古代社会的法律联系在一起，处罚却不无严酷。明代的法律对于拐带良家妇女的行为人处刑甚严，这一点我们可以参考《大明律》中的相关规定。

第一个故事中的李三，严格地说起来，也并非完全没有过错。例如，

---

① 长班，古代官员身边随时听候吩咐的仆人，又称"长随"。信息来源：词典网，访问日期：2020-02-21。
② 兵马司，官署名，据称始建于元代。明代的兵马司隶属于兵部，管理诸多事务，包括水火盗贼等。信息来源：搜狗问问，访问日期：2020-02-21。

意外获得一个儿子，即抱回家私自收养，全然不顾失去孩子的父母或其中一方的着急和担心。如果见到丢失孩子的黄节的招贴告示置之不理，其行为无疑更为恶劣。当然，审理案件的官员对于案件证据的处理存在很大的问题，亦即在黄节妻子李四娘不知所终的情况下，知县在此环节上迷失了，没有清楚地把握。假设其在关键证据存疑的时候，先将嫌疑人关押，等待李四娘下落查实后再行处理，也就不出问题，这个案件也就不至于是所谓冤狱了。

对于第二个故事，我们可以做一些假设。例如，假设这个故事中的杨二郎果真与徐德之妻莫大姐私奔，其自然会构成相应的犯罪。而且，依照故事作者的设计，这种可能性也不是完全没有。

兵马司出现在第二个故事中，发挥着重要的作用，其职权应当获得法律上相应的授权。因此，无论是知县还是所谓"兵马"，对于相关案件的审理以及最终的走向，都起到了十分重要的作用。

在案件审理的过程中，当然是需要讲求证据的。第一个故事最后之所以成为冤狱，重要的原因就是那位李四娘不见踪影，案件证据不扎实，有待查实。第二个故事中兵马的处理就好得多，杨二郎受到一定冤屈，但只是被收押在监，其损失不至于不可挽回。当然，就此人而言，破坏他人家庭幸福和婚姻，受到一定惩罚也未必完全冤枉。小说结尾的幽默，实际上就是对于此类人的讽刺。当然，如果是他与莫大姐私奔，则无疑应当受到严惩。

第二个故事中，官府对于相关刑事责任人的处罚应该是较为公正的。例如，郁盛之所以受到惩罚，正是因为其有诱拐、贩卖妇女等行为，因此打四十大板，处以"略贩良人军罪"。老鸨魏妈之所以受到惩罚，原因在于其买良为娼，买卖莫大姐的八十两身价银官府没收。因为莫大姐几年间为老鸨卖淫赚得（"卖奸得利"）不少，故而其赎身不必另行付银。至于杨二郎，因他先有奸情，虽与本案无关，"也问杖赎释放宁家"。当然，在当时，不存在国家赔偿一说。此外，兵马与临清衙门之间的协同办案也是值得称道的。所以，如果总体上评价的话，第二个故事中的兵马对于案件的处理是较为妥当的。

　　民事方面的问题在这篇小说中完全被略而不谈。但是，实际上我们还是可以讨论一下的。例如，第一个故事中的李三抚养徐德妻子丢弃的儿子是否可以获得一定的补偿就是一个可以讨论的问题。以今天我们的理解，李三不能够获得徐德一方的补偿，原因是其行为不具有合法性。再如，第一个故事和第二个故事中的男方徐德和黄节，均受到奸夫一方（伙同其妻）的侵害，导致其婚姻解体。此二人能否因此向侵害者一方提请民事赔偿，同样是一个值得探讨的问题。因为，古代社会婚姻的成立，通常涉及男方对于女方家庭一定金钱的给付。夫妻离异或男方被动地休妻，几乎均牵涉到经济方面的损失，这种损失如果由侵害人承担应当较为公平、合理。

35. 神偷寄兴一枝梅　侠盗惯行三昧戏[①]：不可逾越的底线

> 故事梗概

故事先从我们熟悉的先秦时期的孟尝君门客中的"鸡鸣狗盗"之徒讲起。

其次讲到宋朝时临安府的一个大盗"我来也"的部分事迹，特别是这位大盗被官府捉拿之后，拒不承认自己的盗窃者身份，买通狱卒，瞒过官府，造成自己并非盗窃嫌犯的假象。

第三个故事也就是正文才开始详细讲述明朝嘉靖年间苏州神偷"懒龙"亦即"一枝梅"的故事。这位神偷可谓行侠仗义，本领高强，偷盗的几乎全是为富不仁者或贪婪无比的官员的钱财。而且，更为神奇的是，这位神偷尽管犯案无数，却从未失过手，最后得以善终。

> 点评

这一卷显然是歌颂侠盗的。

自人类社会诞生以来，盗窃犯就是法律打击的对象之一，但此类人物一直不曾绝迹，与我们共生同在。

---

① 参见凌濛初《二刻拍案惊奇》卷三十九。

与通常的描述不同的是,凌濛初的这篇小说是对盗窃者这个特殊群体中某些较为特殊的分子的颂扬。这些人当然属于盗窃者,但却因为其行侠仗义,故而又有侠盗之称。他们不是打家劫舍的强盗,是今天意义上的盗窃犯。但是,他们恪守"盗亦有道"的信条,且不会伤害他人性命。否则,一旦逾越这一底线,估计难以逃脱法律的严惩。

所以,准确地说,此类人物称为"神偷"或许更为恰当。至于说"侠盗",应该是指其侠义的一面。

证据在这篇传奇色彩极为浓厚的故事中依然是一个十分重要或不容忽略的问题。例如,第二个故事中的那位"我来也"最后之所以得以逃脱,也就是因为除了那位看守他并接受其"好处"的狱卒之外,无人能够证明其真实的身份。为了洗清自己,这位神偷还巧妙地制造了自己不在作案现场的证明。

故事正文中的"一枝梅"同样也可以通过相关证据来证明自己不在作案现场。例如,故事中讲到某库吏监守自盗,获得苏州府库银十多锭,藏匿在某处,却故意赖在懒龙身上。后来,侦办此事的差人经懒龙指点拿到赃物,被人栽赃的懒龙得以还家。值得注意的是,神偷或侠盗也可能为不法之人利用。例如,这个故事中的吴江知县唯恐自身贪污受贿之类的秽行被巡按御史查实,请懒龙盗窃其印信。所幸的是,懒龙适可而止,并没有参与。

结　语

　　与冯梦龙的"三言"有所不同的是，作为后来者与模仿者或曰刻意学习者，凌濛初的"二拍"在故事材料的选取以及叙事等方面不会如此丰富和多元，因而需要更多的原创性。而且，就故事中时间的跨度而言，"二拍"总体上不及"三言"。

　　但是，作为与"三言"并驾齐驱的明代白话小说的典范，"二拍"在反映明代以及明代之前中国社会的现实方面并无明显的逊色之处。而且，既然号称"拍案惊奇"，其传奇色彩自然十分浓厚。

　　我们研讨的重点当然是与古代中国法律相关的故事。在本书选择的共计三十五回的篇幅中，尽管不乏超现实主义色彩的故事，属于现实主义题材的故事无疑占据多数。即使是超现实主义色彩的故事，其实与社会现实的联系也甚为紧密，是现实社会的一种折射。

　　我们选取的故事涉及古代中国法律及其在现实生活中的应用。如果以今天的专业眼光来看，这些案件可以大致分为民事或刑事案件。但是，某些案件的分类却未必如此简单或容易。例如，《初刻拍案惊奇》卷二的"姚滴珠避羞惹羞　郑月娥将错就错"就不单单可以婚姻家庭方面的法律论处，它涉及对于婚姻家庭制度的维护，肆意破坏他人婚姻家庭的行为理应受到民事和刑事的双重处罚。只是由于其中的行为人在事发后"上下使钱"，逃脱了相应的法律制裁。

　　通常我们说"打官司就是打证据"，古代中国社会未尝不是如此。但是，在当时的历史条件下，受刑事侦查技术等的限制，某些案件并无目击证人，只有侵害者与被害人双方，是否意味着侵害者一方的行为就此不受到任何的惩处？"二拍"中的某些故事告诉我们，神判或冥判并非不可能。

例如，《初刻拍案惊奇》卷三十"王大使威兴部下　李参军冤报前生"即颇为典型。

当然，古代中国社会与今天我们所处的时代有所不同的是，刑事侦查方面的技术和手段等甚为落后，不足以较好地应对相对复杂的各色案件，只好更多地依赖当事人自己、审理案件的官吏的个人主观能动性等。在证人或证据缺位的情况下，有的时候只好依靠冥判或神判。今天我们拥有的司法过程中较为清晰的分工与合作，在古代社会是难以想象和企及的。但是，需要肯定的是，尽管不无缺憾，法律在当时社会治理中的重要地位和作用却同样不容忽视。

致　谢

　　写一部关于《水浒传》评论方面的著作的想法可谓由来已久。但是，如何找到写作的切入口似乎是一个不大不小的问题。或许，法律与文学的交叉是一种不错的选择，基于此，笔者选取了《水浒传》中的一些与古代中国法律关联度较高的人和故事展开讨论，希冀借此从一个侧面加深我们对于当时法律与社会的理解。所以，谈到致谢，首先，笔者需要感谢的是这部流传至今依然魅力不减的古典文学作品的集大成者施耐庵先生。

　　2020 年是一个非同寻常的年份，一段时间内因故很少出门，反倒使得自己更能够沉下心来读书写作，不能不说是幸事一桩。感谢家人对于自己的理解和包容，他们使得我在家务方面少有投入，在写作方面有更多的时间和精力。

　　或许是受到冯梦龙"三言"成功的启发或激励，凌濛初创作出了与之齐名的"二拍"，同样传之久远，与"三言"并驾齐驱，以"三言二拍"的合作形式展现在世人面前，尽管这种合作的形式并非原作者的本意。

　　所以，谈到致谢，我们首先无疑需要感谢明朝末年的这位"二拍"的创造者凌濛初先生。

　　感谢华中科技大学与华中科技大学法学院的领导、各位同仁以及学生们的支持和鼓励。2001 年，笔者有幸加入新成立的华中科技大学法学院的师资队伍中，主讲中外法律史、法律英语等课程，与各位优秀的同仁相互砥砺，与历届优秀的学生教学相长，幸莫大焉。

　　感谢知识产权出版社对于本书的理解、接纳和出版，尤其要感谢该社资深编辑石红华女士的支持和帮助。

2020 年 12 月 10 日